Marcel Müller-Wieland

LYSA

MARCEL MÜLLER-WIELAND

LYSA

Ein philosophisches Gespräch

BoD

Bibliographische Information der Deutschen Nationalbibliothek

Die Deutsche Nationalbibliothek verzeichnet diese Publikation in der deutschen Nationalbibliographie; detaillierte bibliographische Daten sind im Internet über http://dnb.d-nb.de abrufbar.

Lektorat:	Insa Popken, Zoana Gepner-Müller, Maj Popken, Jürgen Müller-Popken
Layout:	Jürgen Müller-Popken jurgen@mueller-popken.com
Einbandgrafik:	Holzschnitt von Marcel Müller-Wieland
©	Marcel Müller-Wieland m.mueller.wieland@googlemail.com
	Jürgen Müller-Popken jurgen@mueller-popken.com

Herstellung und Verlag: BoD – Books on Demand, Norderstedt

ISBN   9783734753473

Inhalt

Vorwort

Mein Entwurf zu „Lysa" liegt weit zurück. Ich habe ihn wieder aufgegriffen und zu Ende geführt, weil mir deutlich wurde, dass dieser kleine Versuch meine pädagogischen Bemühungen im Ganzen in einer neuen Weise beleuchtet und so manches von mir nur Angedeutete in diesem Gespräch konkreter und verständlicher ausgedrückt wird. Der Dialog bewegt sich auf doppelter Fährte. Die eine ist die Bemühung um das echte, fruchtbare Gespräch im Umkreis grundlegender Fragen. Die andere ist die dramatische Handlung, die die Sprechenden einholt und das Gespräch zur tätigen inneren Läuterung der einzelnen Teilnehmer aufruft.

Die Fruchtbarkeit des echten Gesprächs habe ich oft erfahren dürfen. Die Bemühung um gegenseitiges Verständnis scheint mir eine bedeutende bildende Kraft. Die Dialoge Platons hatten die gemeinsame Wahrheitssuche aufgezeigt. Freilich war darin die Entwicklung des Gedankens meist Sokrates überlassen und die andern Teilnehmer des Gesprächs dienten mehr der kurzen Prüfung und Bestätigung seiner Aussagen. Ich hätte mir gewünscht, die eigenständigen Einsichten aller Teilnehmer zu vernehmen. In meinem eigenen Gesprächs-Entwurf „Lysa" sollte den Teilnehmern zu solch eigener Darstellung Raum gegeben sein. Der Name „Lysa" bezieht sich auf das altgriechische „Lysis" (Lösung, Auflösung des dramatischen Knotens) und auf Platons so genannten Dialog. „Lysa" meint nicht den aus dem Hebräischen stammenden Namen „Lisa" (Elisabeth, Elischaba, „Gott bekräftigt!"). Ich wählte die Teilnehmer des Gesprächs als Fachleute aus den mir vertrauten Bereichen der Philosophie, der Pädagogik, der Neurophysiologie, der Sozialwissenschaften und der bildenden Kunst. Ich wollte indessen kein Streitgespräch. So überband ich diesen erfundenen Fachleuten zugleich meine eigene Grundhaltung im Hinblick auf ihre Aussagen. Sie sprechen darum auch weitgehend meine Sprache. Ihre Fragen sind meine Fragen. Sie berühren die mir wichtigen Themen und Einsichten. So zeigt sich das Gespräch zugleich auch als interdisziplinäres Selbstgespräch. Manchmal tanzen sie auch aus der Reihe und behaupten ganz eigene, mir fremde Thesen. Aber das Ganze will eine lockere und dem Gespräch folgende Einführung in meine eigenen Schauweisen sein.

Den unmittelbaren Anstoß zu diesem Gespräch aber

hatte ich schon damals gewonnen, als ich Dostojewskis „Idioten", meinen Lieblingsroman, nochmals gelesen hatte. Die herbe Auseinandersetzung der beiden schönen, großartig geschilderten Frauen Aglaja Iwanowna und Nastasja Filippowna enttäuschte mich. Ich hatte mir den Ausgang und die Wirkung ihres Gesprächs anders gewünscht, ich vermisste den inneren Anruf und die bildende Kraft des echten Gesprächs. So entwarf ich mir in meinem Dialog eine ähnliche Konfrontation zweier Frauen, die aber gestärkt und innerlich geläutert aus dem zunächst aggressiven Gespräch hervorgehen sollten.

Die innere Bildekraft des echten Gesprächs soll vernehmlich bleiben. Zu oft hören wir auch heute Streitgespräche, in denen der Widerspruch gefeiert wird und die kämpferischen und durchsetzungsfreudigen Positionen der Kontrahenten überhand nehmen. Das gegenseitige Hören, Teilnehmen und verstehende Annehmen kommt dann zu kurz. So entfällt dann auch leicht das gemeinsame Verstehen verbindender Einsicht.

Das philosophische Gespräch ist ein Gespräch besonderer Art. Denn es zeigt, dass Philosophie nicht in der Allgemeingültigkeit des persönlichen Wortes bestehen kann. Philosophie weist im Gespräch auf eine innere Haltung des einzelnen Teilnehmers hin, die allem Begegnenden gegenüber zur Offenheit aufruft. Philosophieren ist mehr eine innere Tätigkeit, eine Bereitschaft zu geläuterter, verstehender Liebeskraft als eine Bemühung um allgemein gültige Aussage.

Marcel Müller-Wieland

Personen:

Lysa   28jährig, Neurophysiologin, die junge Frau des
             bekannten Psychiaters Till
Ken   68jährig, Naturphilosoph
Gotha   58jährig, Witwe, Mutter zweier Kinder, die im
             Ausland leben. Ehemals Lehrerin.
             Jetzt Sprachpädagogin.
Bodo   45jährig, Maler und Bildhauer
Peer   35jährig, Sozialökonom und Soziologe
Till   36jährig, Psychiater
Helmut   28jährig, Maler
Hella   22jährig, Lehrerin

Die beiden Gespräche finden in Kens Ferienhaus in Grau-
bünden (Schweiz) statt.

1. Kapitel

Lysa: Du hast mir einmal gesagt, Ken, Auftrag und Zukunft des Menschen zu bedenken, setze voraus, sich auf die wesentlichen Motive seiner Entwicklung zu besinnen. Und überhaupt – du sprichst oftmals von den Grundmotiven des Menschen und der Welt. Was aber diese Motive sind, wie sie zu verstehen sind, hast du meines Wissens nie ganz klar gesagt. Willst du es nicht heute sagen?

Ken: Es freut mich, dass du nach den Grundlagen meines Denkens fragst. Aber es überrascht mich, dass du glaubst, dass sie sich klar und deutlich sagen lassen.

Lysa: Kann man denn klar verstehen, was sich nicht klar sagen lässt? Und willst du sagen, dass sich die Grundlagen deines Denkens nicht klar und deutlich verstehen lassen?

Ken: Vielleicht ist nicht alles, was Descartes und Leibniz „klar und deutlich" nennen, schon zu verstehen. Vielleicht sind auch gerade die Grundlagen und vielleicht auch das Einfache am dunkelsten.

Lysa: Wäre es dann nicht gerade das Anliegen der Philosophie, Licht in diese Dunkelheit hineinzutragen?

Ken: Es ist gut, auszuziehen, das Dunkle zu erleuchten. Doch könnte es eine lange Reise sein. Wäre es da nicht vorsichtig, zunächst das „Vorgelände" abzuschreiten? Auch ist dein Mann noch gar nicht da. Vielleicht kommt er noch. Da könnten wir uns dann im ganzen Kreis bemühen, Licht ins Dunkel hineinzutragen – wie du sagst.

Lysa: Mein Mann wird etwas später kommen. Er bat, nicht auf ihn zu warten. Es könnte sein – nun ja, manchmal ruft er dann noch an, um sich vollends zu entschuldigen.

Bodo: Till hat Sprechstunden, auch am Samstagabend?

Lysa: Nein. Das hat er nicht. Aber du weißt ja, wie er ist. Bittet ihn jemand um einen Rat, kann er nicht Nein sagen.

Bodo: Das zeugt von großer Freundlichkeit.

Lysa: Von Freundlichkeit, ja, aber manchmal wünsch ich mir, dass er auch meine Bedürfnisse ernst nähme.

Bodo: Till kommt gewiss. Er ist doch so gern in unserem Kreis. Bis dahin wollen wir dich ein wenig für uns haben. Das Licht fällt schön in dein blondes Haar. Ich liebe blonde Haare. Eigentlich könntest du mir einmal Modell stehen. Das wäre auch eine gute Art, Licht in die Sache hineinzubringen.

Lysa: Du bist ein rechter Schmeichler. Aber das mit dem Modell, das schlag dir aus dem Sinn. Da könntest du ja eine Perücke malen und sie schön belichten.

Bodo: Ich meine es ernst. Aber lass uns doch beginnen.

Sonst führt uns Ken nicht einmal in sein „Vorgelände" ein.

Ken: Es gibt so viele Weisen der Motive, Bodo. Da ist es wohl ganz gut, zunächst solche zu bedenken, die sich im Alltag zeigen. Die jeder kennt. Wie sagtest du doch, Lysa, dass du wünschtest, dein Mann möchte deine Bedürfnisse ernst nehmen. Was sind das für Bedürfnisse – so könnte man doch fragen, was für Motive, die dich da bewegen?

Lysa: Ach, Ken! Du bist immer der Gleiche. Kaum will man mit dir etwas Allgemeines, etwas Philosophisches besprechen, wendest du es ins Persönlichste.

Ken: Vielleicht ist das Persönlichste dem Philosophischen am nächsten.

Lysa: Meine Wünsche kann ich vielleicht gar nicht so deutlich sagen.

Ken: Du schon, Lysa. Denn du bist gewohnt, was du

verstehst, auch klar und deutlich zu sagen.

Lysa: Ach, Ken!

Ken: Willst du mich nun auch einen rechten Schmeichler nennen?

Lysa: Dich nicht. Oder nicht im gleichen Sinn.

Ken: So versuche, es klar zu sagen.

Lysa: Ich wollte nicht so schlechthin sagen, dass Till meine Wünsche und Bedürfnisse im Ganzen nicht ernst nähme. Er ist, im Gegenteil, oft sehr darauf bedacht, mir jeden Wunsch an den Augen abzulesen. Ich wollte mich auch nicht beklagen. Und doch: Vielleicht sieht er mich gerade dort zu wenig, wo ich gern wahrgenommen wäre. Ich weiß, dass Till mich liebt. Dass er mir alle ihm mögliche Aufmerksamkeit zukommen lässt, dass er mir alle Verfehlungen und Irrtümer vergibt, dass er mich in schönster Weise stützt und zu mir steht. Ach, ich

16

bin ihm so dankbar für dies alles. Doch manchmal und gerade in letzter Zeit wünschte ich mir, er nähme wahr, dass ich auf ihn warte. Dass wir persönlich Zeit für einander hätten. Und dann bedrückt es mich, wenn all die beruflichen Dinge vorgehen und er sich zurückzieht, besonders jetzt, wo ich das Kind erwarte.

Peer: Till ist ein vielbeschäftigter Mann. Und viele brauchen seinen Rat.

Gotha: Ich verstehe dich, Lysa. Als mein Mann noch lebte, empfand ich ähnlich. Ich mochte es nicht, wenn er während der Mahlzeit geschäftliche Anrufe beantwortete. Oder wenn er abends vor dem Theater noch einen dringlichen Brief beantworten musste. Aber heute sehe ich anders. Heute sehe ich in der Erinnerung eher die vielen Stunden, in denen wir zusammen waren. Und da war es oft sehr schön.

Lysa: Gemeinsame Stunden durfte ich auch genießen. Nur ist es schwer, die Schatten des langen Wartens zu verscheuchen. Und nur zu oft legen sie sich auch auf die Zeiten des Zusammenseins. Das tut mir Leid. Ich wollte, ich könnte dann ganz frei und un- belastet sein.

Gotha: Ist es denn nicht an dir, diese Schatten zu verscheu- chen?

Lysa: Vielleicht. Doch dann will er so oft berichten von den Menschen, die er betreute. Ach, all die Frauen, ja, auch Männer, aber so viele Frauen, die sich an ihn hängen und seine „Freundlichkeit" – wie Bodo meint – missbrauchen. Er ist ein schöner Mann. Er weiß sehr viel. Und ich glaube, viele suchen mehr den Freund in ihm, als den Psychiater. Er merkt das nicht. Er sagt auch immer, das sei fast das Gleiche.

Gotha: Warum nur fast?

Lysa: Nun, er lässt sich für seine Stunden ja bezahlen, jedenfalls für die eingeschriebenen. Die viele Zeit, die er daneben mit den Patienten braucht, bemerkt er freilich nicht.

Gotha: Und schmerzt es dich, dass er den anderen Frauen so viel Freundschaft einräumt?

Lysa: Du fragst, ob ich ein wenig eifersüchtig sei? Ich habe mich das schon selbst gefragt. Doch glaube ich, das ist es nicht. Er ist mit mir ganz anders, als mit den anderen. Das spüre ich wohl. Aber ...

Gotha: Nun?

Lysa: Ja, wenn ich das nur sagen könnte? Es kommt vor, dass ich mich für ihn hübsch gemacht habe. Er sieht es nicht. Und wenn ich ihn darauf anspreche, sagt er wie beiläufig: Ach, hast du ein neues Kleid? Er weiß nicht mehr, dass wir es gemeinsam letztes Jahr gekauft hatten. Doch das ist Äußerliches. Nichtiges. Wichtiger wäre mir eigentlich, dass er mich sehe in jenen kleinen Freundlichkeiten, die ich ihm zuliebe tu. Wenn ich ihm eine Blume auf den Schreibtisch stelle, er übersieht sie. Zumindest weiß ich lange nicht, was sie ihm bedeuten mag. Er liebt zwar Blumen. An jeder Blüte freut er sich. Doch ob er meine kleine Zuwendung verspürt, wie ich sie meinte, dass kann ich nicht erfühlen. Wenn er mir einmal Blumen bringt, dann steht das ganze Haus voll Blumen. Und ...

Gotha: Ja?

Lysa: Nun, da ist dann noch das Andere. Ich meine zu verspüren, dass er in mir ein Wesen sucht, das ich nicht bin. Ich weiß, er schätzt mein Denken, meine Kraft des Diskutierens, er will von meinen Stunden hören, er nennt mich seinen Magister cerebri, als wären wir Kollegen. Ich will nicht sein Kollege sein. Ich möchte nicht immer so ernst mit ihm sprechen. Manchmal wünschte ich, er wäre ein Anderer. Ein wenig lustig. Vielleicht wie Bodo. Ein wenig zärtlicher. Aber um auf deine Frage zurückzukommen, Ken: Sind die Motive, die mich in solchen Augenblicken bewegen, und die die Lichtseite wie auch die Schatten unseres Verhältnisses bedingen, nicht ganz einfach Weisen der persönlichen Liebe zu diesem einen Menschen?

Ken: Gewiss. Aber diese Liebe – ist sie denn ganz einfach zu verstehen?

Gotha: Ja, da könnte man sich fragen, wie Goethe es in seinen „Wahlverwandtschaften" tat, oder wie Erich Fromm in seinem Buch über die Liebe schreibt, ob es für den Liebenden nicht wesentlicher wäre, die Kraft und Fülle seines eigenen Liebens zu bedenken, als die Erfüllung des Wunsches, selbst geliebt zu sein.

Lysa: Und ist das Bedürfnis, geliebt zu werden, wie jedes Kind es hegt und wie es die meisten Menschen zutiefst bewegt, nicht auch ein sinnvoller menschlicher Wert? Ist denn die Kunst des Liebens ablösbar von Gegenliebe, von dem Bedürfnis, selbst geliebt zu sein?

Bodo: Das ist sie nicht. Und deine Liebe zu erwidern, dürfte gar nicht schwerfallen. Aber man ersieht aus dem Gespräch schon jetzt, dass es sehr verschiedene Weisen der Liebe gibt. In der bildenden Kunst ist die Liebe oftmals dargestellt worden und immer wieder anders. Wenn Tizian die „irdische" und die „himmlische" Liebe malte, so meinte er wohl etwas Ähnliches, wie die Unterscheidung, die sich in unserem Gespräch soeben zeigte. Etwas Ähnliches, möchte ich sagen, denn mit der „himmlischen Liebe" meinte er wohl noch etwas ganz anderes.

Peer: Es ist wie du sagst. Liebe ist in einem gewissen Sinne alles. Und doch gibt es sehr verschiedene Weisen dieser Liebe. Die Liebe zu einem guten Braten ist mir auch eine vortreffliche Liebe, auch wenn sie ganz und gar keine Gegenliebe erwarten darf.

Gotha: Ließe sich dann nicht eine Stufenleiter der Liebe denken, von der triebhaften Liebe zu Essen und Trinken und Atmen und von der sexuellen und erotischen Liebe bis zu den höheren Weisen der personalen Liebe, zu echter Freundschaft und vielleicht zu Formen der himmlischen Liebe? Wie Platon es tat in seinem „Symposion" oder Max Scheler in seiner Stufenleiter der Vorbildmodelle.

Lysa: So etwas ließe sich denken. Doch eine rechte Stufenleiter ergibt sich mir nicht. Ist etwa das sexuelle Bedürfnis menschlich gering zu achten? Ist es nicht selbst eine ganz wesentliche Triebfeder fast alles Lebendigen? Und feiert nicht gerade hierin die lebendige Natur im Ganzen ihre stärksten Motive des Fortbestandes jeder einzelnen Art wieder? Vielleicht ist es so etwas wie eine „List der Natur", dem Menschen im Zärtlichkeitsbedürfnis das Gefühl des Privaten und ganz Persönlichen zu belassen, wo sie doch eigentlich im großen, überdachenden Sinne durch das sexuelle Bedürfnis den Fortbestand des Lebens sichert.

Gotha: Die „List der Natur"– das gefällt mir. Hegel hatte von der „List der Vernunft" gesprochen.

Lysa: Wie du das alles weißt! Doch kann nicht andererseits im menschlich-seelischen Bereich das sexuelle Erleben durch die innige Verwobenheit mit der personalen Liebe zu diesem einen Menschen zu einem besonders innigen und menschlich wesentlichen Gefühlsbereich erhoben werden?

Peer: Das leuchtet ein. Doch ist nicht auch wieder die Östrogen-Pille eine raffinierte Überlistung der Natur? Und hat sie nicht vielfach wieder dazu geführt, die sexuelle Liebe von der personalen zu entbinden? Das musst doch du, als Physiologin und Kennerin der Endokrinologie am besten wissen. Doch gebe ich zu, dass die Pille auch wieder bedeutende Möglichkeiten der Geburtenregelung in sich birgt.

Lysa: Die sozialen Auswirkungen der Pille übersehe ich nicht. Und auch meine Studien auf endokrinologischem Gebiet sind noch nicht sehr weit gediehen. Doch vermag die Endokrinologie heute aufzuweisen, dass die menschlichen Hormone von großartiger Vielfalt sind und ich bin überzeugt, dass der na-

24

türliche Haushalt und das innere Gleichgewicht der Hormone und der Neurotransmitter die persönlich seelische Entfaltung des einzelnen Menschen entscheidender mitbedingen, als wir es heute sehen. Ich habe die Pille indessen nie verwendet. Es ist auch eine Frage der persönlichen Entscheidung. Ich habe mir immer ein Kind gewünscht.

Gotha: In welchem Monat bist du?

Lysa: Im vierten.

Gotha: Die Liebe zu einem Kind ist ganz anderer Natur als die Liebe zum Partner des anderen Geschlechts. Ich meine – sie ist ganz aus personaler Liebe heraus geboren.

Lysa: Ja, wenn ich an mein Kind denke, fühle ich mich in einer tiefen – und das wirst du mir nachsehen, lieber Ken! - schwer sagbaren Weise durch eine innere Erwartung und Dankbarkeit eigener Art getragen. Ich bin nicht religiös. Ich bin Naturwissenschaftlerin. Aber in diesem Betroffensein vermag ich dem religiösen Menschen ein wenig nachzufühlen, dass es so etwas wie ein Heiliges im Menschen gibt.

Peer: Gibt es nicht auch eine Liebe zum eigenen Kind, die recht eigennützig ist? Besonders solange es klein ist. Da kann man es lieben wie einen teuren Besitz, wie ein Eigentum. Man liebt seine Liebesbedürftigkeit, sein hingebendes Bedürfnis nach Geborgenheit, seine Gegenliebe. Nur schade, dass die Kleinen solcher Liebenswürdigkeit so rasch entwachsen.

Bodo: Da täte man wohl besser, sich einen Hund zu halten oder eine Katze.

Gotha: Einen Hund, den man sich als treuen Gefährten wünscht, oder eine Katze, die sich an das Zusammenleben gewöhnte, kann man doch wohl auch nicht im wahren Sinn als Eigentum betrachten. Alle Tiere haben ihr Leben in sich selbst.

Bodo: Da stimme ich dir zu. Zwar esse ich, wie Peer, gern gelegentlich einen guten Braten. Doch mag ich abgerichtete Hunde nicht. Und manchmal ist es gut, auch einen kleinen Käfer in seinem Eigenleben zu erfahren.

Gotha: Wäre es da nicht besser, sich von dem zu ernähren, was die Natur uns leiht, ohne dass wir Leben vernichten müssten?

Peer: Du meinst, wir sollen vegetarisch leben. Aber ist die einzelne Pflanze nicht auch auf ihre Weise lebendig? Ja, ist nicht alles in einem gewissen Sinne lebendig? Und müsste man nicht die ganze Natur mit der gleichen Liebe umfassen? Dann müssten wir verhungern.

Bodo: Es gibt freilich einzelne Menschen, „Heilige" wie Bruder Klaus, die aller Nahrung entbehren können und doch leben. Und auch so mancher ostische Meister zeigt das auf. Sie leben von „Prana".

Lysa: Freilich können einzelne Menschen lange auch ohne die uns übliche Nahrung leben. Aber das entspricht nicht dem Grundumsatz des Lebendigen. Wir haben nun ganz verschiedene Motive der Liebe besprochen, im physischen und im psychischen Bereich. Wollen wir da nicht nach dem Begriff des Motivs an sich selber fragen?

Gotha: Oh, du bist gut. Du fragst wie Sokrates in Platons „Menon" tat. Wie war das doch, Ken?

Ken: Platon hat an jener Stelle im „Menon" ein Weniges von seiner sokratischen Ironie versprüht. So ließ er Sokrates sagen: „Wie herrlich, lieber Amytas, haben wir es doch getroffen, da wir nur eine Tugend suchten und einen ganze Schwarm von Tugenden gefunden haben." So etwa sagt er. Doch scheint auch uns ein wenig sokratische Ironie angemessen, da wir nun zufällig einige wenige Liebesweisen aus dem weiten Garten der Liebesmotive, ja, aus dem fast unendlichen Gelände der menschlichen Motive bedacht und schon so viele gegenteilige Meinungen angetroffen haben. Und dies, obgleich wir sie nur so obenhin streiften. Und meint ihr nicht, dass, wenn wir das Einzelne, das gesagt wurde, sorgfältiger betrachten würden, wir uns noch in sehr viel Unterschiedlicheres verlören?

Lysa: Wie meinst du das?

Ken: Wenn du etwa von physischen und psychischen Motiven sprichst, glaubst du, dass wir uns da leicht verstehen können?

Lysa: Du deutest das Problem von Leib und Seele an. Aber ich meinte nur die physischen und psychischen Funktionen. Wir Naturwissenschaftler sprechen nicht gern von der Seele.

Ken: Ich spreche lieber von der Seele als vom Leibe. Zumindest scheint sie mir fassbarer. Doch lassen wir das noch. Allein, wir müssten in deinen Worten doch durchschauen, was du darunter verstehst, wenn du vom Seelischen oder vom Leiblichen der Liebe sprichst.

Lysa: Das zu unterscheiden scheint mir nun nicht so schwer. Denn das Physische ist uns durch das biologische, anatomische und physiologische Studium des Leibes und seiner Organe beim Menschen und bei zahlreichen Lebewesen hinreichend vertraut. Das Psychische aber kennen wir als Erlebnisfeld im Umgang mit uns selbst und anderen Menschen, als Innenleben. Da bietet wieder die Psychologie ein ausgedehntes Feld zahlreicher Einzelerfahrungen.

Ken: Geht es dir nun nicht wieder wie Amytas und seinem Tugendschwarm? Doch wünschte ich nun nicht schon nach dem Begriff und der wesentlichen Umschreibung des Leiblichen und Seelischen zu fragen. Sondern nur das wünschte ich zu verstehen: Wenn du von physischen Funktionen sprichst, meinst du dann, dass der Leib oder bestimmte Organe selber diese Funktionen entlassen?

Lysa: Wer denn sonst, wenn es sich um physische Funktionen handelt.

Ken: Wenn es sich um Funktionen handelt, müsste man da nicht fragen: Wessen Funktionen? Wenn du die Hand heben willst und sie auch wirklich hebst, ist es dann die Hand, die das will? Bist nicht du selbst es, der es will? Und müsste man dann nicht annehmen, dass eine solche Funktion die Funktion eines bestimmten Subjektes ist, *deine* Funktion, die Funktion einer bestimmten Seele?

Lysa: Gewiss, wenn wir sie von innen her betrachten könnten, mögen sie als psychisch verstanden werden. Doch blicken wir im naturwissenschaftlichen Forschen gewissermaßen von außen auf sie hin. Und dann zeigen sie sich als Wirkungen bestimmter Neuronen, Nervenfasern, sensitiver und motorischer Organe.

Ken: Dann wären sie aber von innen gesehen dasselbe,

wie die psychischen Funktionen? Und nur von außen sind sie unterschieden?

Lysa: Ja, aber alle wären von physischen Organen ausge-
        löst.

Ken: Müssten wir dann nicht doch so etwas wie eine
        „Seele" annehmen, als Mitte, als Subjekt des ein-
        zelnen Lebewesens, die die Funktion durch die ent-
        sprechenden Organe auslöst?

Lysa: Das kann man tun. Doch lässt sich über eine solche
        „Mitte" naturwissenschaftlich nichts Gescheites sa-
        gen.

Gotha: Schön ist's, Lysa, Dir zuzuhören, wie du für deine
        Sache fichtst. Und Bodo scheint schon ganz ver-
        liebt in sein Modell. Am liebsten würde er dich
        gleich mit deiner Rede auf die Leinwand bringen.
        Doch sagtest du nicht, du wünschtest dir ein philo-
        sophisches Gespräch? Dann müsste man doch fra-
        gen, ob nicht im philosophischen Erkennen etwas

über die Seele auszusagen ist.

Lysa: Gerade dies ist ja auch meine Frage. Doch was ist philosophisches Erkennen? Und was leistet es für die Erkenntnis der Seele? Wollen wir nun hören, Ken, was die philosophische Erkenntnis für das Wissen von der Seele leistet? Und was das überhaupt ist, philosophische Erkenntnis? Ja, ich glaube, man müsste zuerst fragen, was du, Ken, überhaupt unter Philosophie begreifst, wenn wir verstehen wollen, welche Einsicht du von ihr erwartest.

Ken: Recht so, Lysa, dass du mir mit gleicher Münze heimzahlst. Aber wenn ich vom Seelischen sprach, so nur, um die seelischen Funktionen daran entlang besser zu begreifen. Es geschah mehr aus Achtung für dein klares Denken und auch ein wenig zur Ermutigung.

Lysa: Jetzt bist du aber wirklich ein rechter Schmeichler. Denn ich gestehe, gerade in diesen Dingen nichts

Wesentliches zu begreifen.

Ken: Vielleicht gibt es hierin nichts zu begreifen.

Lysa: Wie? Willst du damit zum Ausdruck bringen, dass das begriffliche Erkennen für das Verstehen des Philosophischen gar nichts leistet?

Ken: Wir verstehen uns gut. Ich meine, wenn das philosophische Erkennen über das Begriffliche und Wissenschaftliche hinaus etwas Gewisses und Allgemeingültiges über die Seele sagen sollte, dann könnte es ja nicht wieder wissenschaftliches und schon gar nicht begriffliches Erkennen sein. Ob es freilich so etwas gibt wie verstehende und zugleich wesentliche Einsicht, das müssten wir bedenken.

Lysa: Wie meinst du das?

Ken: Ich mein' es so: Wenn man etwa ein Kind aus seinem eigenen Antrieben und Anliegen aus sich selbst heraus wesentlich verstehen wollte, so nützte es wohl nichts, seine Eigenart mit vorbestimmten allgemeingültigen Begriffen zu umschreiben. Solche Schauweisen würden das Bild wohl mehr verdunkeln. Sie würden seine Merkmale mit Anderem vergleichen, sie jeweils zuordnen und unterscheiden und gerade nicht die Einzigartigkeit seiner inneren Wirkkräfte zeigen. Aber es in seinen inneren Antrieben persönlich zu verstehen, würde es dem Forschenden wesentlich, wenn auch nur subjektiv näher bringen. Und so ist's mit dem Verstehen aller Wirklichkeit. Wahre Philosophie will von innen her verstehen, nicht allgemeingültig begreifen.

Gotha: Aber war es denn nicht von jeher das Anliegen der großen Philosophen, gewisse und gesicherte, objektiv wahre Erkenntnis zu bieten?

Ken: So ist es. Und das ist vielleicht die lächerliche Tragödie der großen Philosophie. Denn die Philosophen suchten im Grunde mit Recht stets die innere, wesentliche Bedeutung des Wirklichen zu verstehen und brachten ihre guten Einsichten in begrifflichen Systemen zum Ausdruck. So mussten sie sich dauernd widersprechen. Die Geschichte der Philosophie ist der bunte Teppich ihrer gegenseitigen Depravationen. Sie wollten der Wirklichkeit nahe sein. Und sie verkannten den großartigen, künstlerischen Aspekt ihrer wesentlichen Einsichten.

Bodo: Das gefällt mir. Denn auch der Künstler will im Grunde den wesentlichen Gehalt seines Werkes im ganz persönlichen Ausdruck seiner Selbst- und Welterfahrung bieten. Er will nicht Allgemeingültiges sagen. Er sagt es ganz persönlich. Das macht zugleich die Originalität seines Werkes.

Peer: Aber was lässt sich philosophisch über das Verstehen der Seele sagen?

Gotha: Das mit dem Kind kann ich jetzt gut nachvollziehen. Als ich noch Schule gab, da schien es mir unmöglich, mich jedem Kind so zuzuwenden, wie es dies von innen her wohl brauchte. Ich meinte, die Lernziele erreichen zu müssen, die von außen gegeben waren und sah doch deutlich, dass jedes Kind andere Voraussetzungen in sich trug. Heute, da ich zahlreiche Erfahrungen im Gespräch und in Sprechübungen mit erwachsenen Menschen gewinnen konnte, weiß ich, dass es Möglichkeiten gibt, sich dem Einzelnen innerlich wesentlich zu nähern und ihm wie von innen her behilflich zu sein. Wenn ich heute nochmals in der Schule unterrichten dürfte, ich würde es ganz anders tun.

Lysa: Und wie meinst du, dass man sich dem Wesen des Einzelnen innerlich nähern könnte?

Gotha: Oh, das ist mit einem Wort nicht abzutun. Aber ich glaube doch sagen zu können, dass es so etwas ist, wie ein Zusammenfließen vieler Erfahrungen, Voraussetzungen, Fertigkeiten, Erwartungen und von Bedürfnissen, aus denen sich im einzelnen Tätigkeitsfeld ein Verständnis dieses einen Menschen aus seinen ganz individuellen Grundlagen verdichtet. Bei manchen Menschen kann ich ganz unmittelbar solch einen Zusammenhang verstehen. Bei

anderen bedarf es einer langfristigen Auseinandersetzung mit ihren Tätigkeiten, Eigenheiten, Stimmungen, ehe sich ein persönliches Verstehen ein-
stellt.

Lysa: Willst du sagen, es gäbe ein inneres Sich-Näher-
stehen einzelner Menschen, eine „innere seelische
Verwandtschaft", die ein persönliches Verstehen
unmittelbar zwischen ihnen möglich macht?

Gotha: Du sagst es, Lysa. Ich habe immer so etwas ange-
nommen, mehr gefühlsmäßig freilich. Ach, Ken!
Hat nicht Platon etwas Ähnliches gelehrt?

Ken: Ja, so ist es. Und es ist hübsch, dass gerade Lysa
auf die „innere Verwandtschaft" hinweist. Denn
Platon hat davon nie deutlicher gesprochen, als im
Dialog „Lysis".

Lysa: Wer war denn „Lysis"? Und was wollte Platon in
jenem Dialog sagen?

Ken: Lysis ist der junge Geliebte in Platons gleichnamigem Dialog. Ein heranwachsender, edler und lernbegieriger Knabe, dem Hippothales nach Art der Griechen sehr zugetan ist. Sokrates will ihm den rechten Umgang mit dem Geliebten zeigen. Der Dialog aber zielt im Gespräch mit dem jungen Lysis letztlich auf die Frage, was Freundschaft eigentlich sei. Nach wunderlichen, aber sehr beachtlichen Vorfragen wie dieser, ob der Liebende oder der Geliebte der eigentliche Freund sei und nach der vielfältigen Prüfung der Meinungen von Dichtern und Philosophen über die Liebe, lässt Platon Sokrates im Dialog aufweisen, dass es das „von Natur-Angehörige" sei, das in den Seelen zweier Menschen anklingt und das macht, dass sie sich lieben. „To Oikeion" nannte er dies gemeinsam Angehörige. Ein Mensch könnte den anderen nicht im eigentlichen Sinne lieben, wenn jener ihm nicht schon angehörig wäre, der Seele nach oder wegen seiner Gesinnung, seiner Lebensart. „Syngeneia" nannte er solch „ursprüngliche Verbundenheit".

Solch „seelische Verwandtschaft", wie du, Lysa, es nennst.

Lysa: Es freut mich, bei Platon so einen kleinen, geliebten und lernbegierigen Namensvetter zu haben. Und lernbegierig bin ich ja auch. Indes, die seelische Verwandtschaft ist ja in solcher Rede bewusst im Gegensatz zur biologischen, physischen Verwandtschaft gemeint. Ist dann nicht der kulturelle Bezug, die Beziehung zu einem bestimmten Kulturkreis, zu einem Volk, zu einer Sprache bedenkenswert? Eine fremde Sprache kann einem den anderen Menschen auch fremd erscheinen lassen.

Gotha: Die Fragen um die Seele wollen wir noch offen lassen. Ken mag sie bedenken. Aber die Frage nach dem Persönlichen im Verstehen und der personalen Nähe ist mir wichtig. Ich möchte solches Verstehen, nicht auf das Sprachverstehen oder das Verstehen besonderer völkischer oder kultureller Verbundenheit abwälzen. In meiner Erfahrung gibt es jenseits des semantischen Verstehens ein „Sich-Finden" von

Mensch zu Mensch, das ich nicht anders als eine tiefe innere Nähe und „seelische Verwandtschaft" sehen kann. Es ist zwischen gleichsprachigen und fremdsprachigen Menschen gleichwohl möglich. Es ist immer etwas Schönes, solchen Menschen zu begegnen. Aber auch ihnen gegenüber gibt es so etwas, wie ein schrittweises Vertiefen des Verstehens im Hinblick auf einzelne Bereiche des Erlebens. Das ist mir gerade aus der Arbeit mit der Stimme und der Sprache wohlvertraut.

Lysa: Willst du uns nicht konkreter zeigen, wie du bei deiner Arbeit mit der Stimme zu solch einem vertieften Verständnis kommen kannst?

Gotha: Das will ich gern. Doch müsstet ihr mich eine Zeitlang gewähren lassen.

Peer: Wir hören dich gerne sprechen.

Gotha: Da war unlängst ein junger Schauspieler zu mir gekommen und hatte um Hilfe gebeten. Seine

Stimme mache ihm Sorgen. Er habe in letzter Zeit den Eindruck, er könne manchmal den Raum nicht füllen mit seiner Stimme. Er sei auch ein wenig heiser. Er habe sich logopädisch untersuchen lassen. Stimmbandknötchen habe er nicht. Aber der Arzt habe ihn gewarnt. Und so sei er nun da und hoffe auf einen Hinweis. Er sei auch bereit, ein paar Mal zu mir zu kommen. Eine solche Begegnung ist oftmals der Anfang einer langen, gemeinsamen Arbeit. Und da kann mir dieser Mensch innerlich auch sehr nahe kommen. Wenn ich nun bedenke, wie ich mich bei einer solchen Begegnung verhalte, so ist es zunächst eine Haltung, die ich selbst einnehme. Ich weise alles von mir, was mich verleiten könnte, diesen Menschen in einem psychologischen Sinne als Objekt meiner Untersuchungen zu sehen und nur aus reinem Helferwillen heraus will ich ihm gegenüber stehen. Nicht, das ich nicht vieles zugleich erfahren und lernen würde im Umgang mit seiner Übung. Doch scheint es mir notwendig, mich einem Menschen, der im Persönlichen Hilfe sucht, nur in persönlicher Begegnung und aus

Hilfsbereitschaft zu öffnen. Darin liegt oft fast schon so etwas wie eine keimende Freundschaft.

Meist ist es nicht eine einzelne Funktion, die zu korrigieren wäre. Darin irrt oft der Hilfesuchende. Dann meint er vielleicht, sein Leiden ließe sich mit einem rechten Mittel oder einer gewissen Übung in Ordnung bringen und er könnte wieder sprechen, wie zuvor. Hier muss ich ihn dann in der Regel gleich enttäuschen. Es scheint mir immer deutlicher, wie wichtig es ist, von der einzelnen Person im Ganzen auszugehen. Von dem weiten Zusammenhang ihres Lebens. Und hierzu gehören oft auch ihre Bezüge zur Familie, zu nahe stehenden Personen und zu sich selbst. Ja, oft seine ganze Entwicklung von früh auf. Am liebsten wollte ich sagen, ich möchte von dieser einen Seele und ihrem Umkreis ausgehen, doch dürft ihr mich nun nicht bestürmen. Ich gebe zu, nicht zu wissen, was das ist, die Seele. Aber bei manchen Menschen fühle ich mich, wie ich schon sagte, wie aus einer gemeinsamen persönlich verstehbaren Mitte angesprochen. Bei anderen muss ich noch warten. Bei diesen lasse ich mich dann durch den Zufall gemeinsamer Übungen leiten. Ich beginne die Arbeit an irgendeinem Zipfel, an irgendeiner Tätigkeit, die sich aus dem Anliegen des Partners ergibt. Wichtig ist mir, dass solches Tun einem echten Antrieb, seinem unmittelbaren Sinn- und Sachbezug entspringt. Und dann lass ich mich ansprechen durch den besonderen Ausdruck seines Tuns. Viele Eigenheiten zeigen sich dann, ihm wesentliche und auch ganz belanglose. Ich wäge sie nicht. Ich frage mich nicht in einem umschriebenen Sinn nach ihrer Bedeutung und Ursache. Ich gebe ihnen keinen Namen. Und wenn sich aus der vertrauten logopädischen Systematik ein Terminus aufdrängt, dann löse ich ihn gleich angesichts dieses persönlichen Zusammenhangs in die Fülle möglicher individueller Spielarten auf. Aber ich bleibe in solchem Hinhören innerlich offen für Beweggründe, Gefühle und Erlebnisse, die mein Partner damit verbindet. Und ich glaube, von dieser Offenheit hängt ab, wie tief ich ihn im Laufe der Zeit verstehen werde. Man kann einen anderen Menschen auch leicht durch die eigenen Bedürfnisse sehen. Dann kann man ihn leicht missverstehen. Aber manchmal spielt sich etwas ab, das ich als „fruchtbares Warten" umschreiben möchte. Ja, ich muss oft lange warten, bis sich mein Verständnis des Partners wie von selbst verdichtet. Es ist nicht die „strenge" Umschreibung wie im geisteswissenschaftlichen Verstehen. Es ist ein Zusammenfließen zahlreicher Erlebnisse und Erfahrungen zu einem „dichten" Verstehen. Manchmal geht das sehr schnell. Manchmal brauche ich Monate dazu. Es scheint mir wichtig, solchem offenen Warten nicht vorzugreifen. Es nicht zu pressen und zu bedrängen. Ken nennt das einen Schritt zum „intuitiven Verstehen". Bis zu welcher Dichte und Tiefe sich das Verstehen findet, ist sehr unterschiedlich. Selten, dass sich solches Tiefenverständnis gar nicht gibt.

Lysa: Und wie zeigt sich solches Verstehen?

Gotha: Nun, das zeigt wie von innen den weiten Zusammenhang und Tiefenbezug der Sprache mit zahlreichen Bereichen dieses einen Menschen. Da ist zunächst die besondere Weise des Wahrnehmens, vor allem des Hörens und des Sehens in ihren immer neuen, bunten Spielweisen. Ich kann die Wahrnehmung des anderen Menschen nicht teilen. Aber ich kann mich innerlich immer vertrauter machen mit der Bedeutung, die er ihr selbst beimisst und mit der besonderen Färbung und inneren Gestaltung, die ihm dabei eigen ist. Und ebenso wichtig ist mir die Fülle der Vorstellungen, die er mir in seiner Weise kundtun kann. Es ist schön, der inneren Vorstellungswelt eines anderen Menschen aus eigenem zu folgen. Es ist sehr bereichernd, auch wenn wir nur aus dem Reich der eigenen Vorstellungen folgen können. All die Assoziationen und inneren Zusammenhänge, die sich im gemeinsamen Üben und im miteinander Sprechen zeigen, sind auch für mich wie ein köstliches, persönliches Geschenk. Und dann erst das eigentliche Sprachverstehen und die Besonderheit persönlichen Sprechens! Hier zeigt sich wiederum die besondere Verdichtung der Schauweisen zu einem ganz persönlichen Verstehen dieses einen Menschen. Denn Sprachverstehen und aktives Sprechen zeigen sich nicht nur im ganz persönlichen Zusammenspiel der besonderen Wortbedeutungen und Anklänge, der eigentlichen Worte, der grammatischen und syntaktischen Strukturen, der Stilformen, in den Wendungen, sondern vielmehr noch in dem, was man das ästhetische Umfeld, die „Prosodik" der Sprache nennen könnte, die Stimme in ihrer ganz persönlichen Klangform und Färbung, in Atemgebung und Timbre, die Artikulation und innere Melodik und die Rhythmik der Sprache, die Eloquenz, mimische und gestische Mitbewegung, dies alles findet sich ganz persönlich zu einer Sprachgestalt zusammen, die den einzelnen Menschen wie aus der Mitte seines Seelenlebens zeigt. Ja, hier zeigt sich mir der eigentliche Zusammenhang der Sprache und der Stimme eines Menschen mit dem Ganzen seiner inneren Gestimmtheit. Aus solcher Gestimmtheit aber scheint mir auch wiederum die Zuwendung des Einzelnen, seine Konzentrationskraft und Aufmerksamkeit, Gedächtnis und Erinnerungsvermögen genährt. Aus dieser Mitte zeigt sich sein Interesse, seine Intelligenz und Lernkraft. Von hier aus zeigen sich auch die „seelische Verschüttung" und das „seelische Abschalten" im Spiel des Bewusstseins. Ich wünschte mir immer, Lysa, diese Zusammenhänge auch neurophysiologisch zu verstehen. Siehst Du hier einen Zusammenhang mit Deinen Studien?

Lysa: Ich sehe ihn wohl. Doch fürchte ich, Euch mit meinen fachlichen Gedanken zu ermüden. Vielleicht sollten wir uns hierüber gelegentlich persönlich aussprechen, Gotha?

Peer: Willst Du uns Anderen deine Gedanken vorenthalten? Wir hören gerne zu. Und wer verstimmt ist, kann dabei abschalten, wie Gotha sagt.

Lysa: Nun, ich hoffe, dass ich dann nicht für mich alleine rede. Aber es ist schon so, Gotha, ich könnte Schritt für Schritt deine Gedanken aus meiner Sicht begleiten. Und jetzt erst wird mir klar, dass die Systematik neurophysiologischen Wissens durch die lebendige Anlehnung an das zentrale persönliche Verstehen, wie du es nennst, ganz neue Gesichtsfelder gewinnt. Ja, besonders, was du über die persönliche Gestimmtheit sagst, berührt sich eng mit dem eigentlichen Gegenstand meiner Forschungsarbeit. Zunächst möchte ich voraussetzen, dass die einzelnen Teilfunktionen der Sprache aus neurophysiologischer Sicht hier vertraut sind. So sind die Wahrnehmungsfelder und Assoziationsfelder des Sehens im Hinterhauptslappen des Gehirns, wie auch die eigentlichen Hörregionen mit den besonderen Feldern des Sprachverstehens im Schläfenlappen der dominanten Hirnhälfte und mit dem Feld der Sprachmotorik eng verbunden. Das Sprachverstehen wiederum zeigt eben den architektonischen Aufbau von vorn nach hinten, wie du die einzelnen sprachlichen Teilfunktionen schilderst, vom Lautverständnis zum besonderen Verstehen von Silben, Worten, Wendungen, Begriffen, zum grammatischen und syntaktischen Aufbau der Sprache und zum Verstehen eingespielter Zusammenhänge.

Das eigentliche überdachende Verständnis, die

Einbettung des Einzelnen in einen ästhetischen Ge-
samtsinn, das scheint weniger von den Sprachbe-
reichen der dominanten Hemisphäre als von Bereichen der nichtdominanten getragen zu werden und
auch von überdachenden Bereichen des Stammhirns. Andererseits ist auch die Sprachmotorik nicht
nur von den eigentlichen Bereichen im motorischen
Sprachzentrum, von den artikulatorischen Zentren
und vom verbindenden Feld des Kleinhirns, sondern auch von einem überdachenden Netz von
Kernen, dem sogenannten „extrapyramidalen System" getragen, das selbst wieder mit zahlreichen
Kernen des Stammhirns den harmonischen Ablauf
der Bewegungen überwacht.

Peer: Das klingt alles sehr gut und überzeugend. Doch
verstehe ich davon fast gar nichts. Lässt sich das
nicht in deutscher Sprache sagen?

Lysa: Wohl weniger die Umgießung der Fachausdrücke
in deutsche Sprache, als das sorgfältige Verweilen
im Konkreten und die Umschreibung mit einzelnen

Beispielen würden da helfen. Das Eigentliche aber, was meine Kenntnisse deinen Aussagen, Gotha, verbindet, ist der Zusammenhang all dieser Sprachbereiche mit basalen Kernen des Stammhirns und einem eigenständigen, umgürtenden, dem sogenannten „limbischen System", worin jene persönlichen Stimmungen beheimatet sind. Doch will ich dabei nicht lange verweilen und auch Peer nicht weiter ärgern. Glaubst du, Ken, dass wir mit solchen Erörterungen über die Sprache unserer Frage nach der philosophischen Leistung des Erkennens näher kommen?

Ken: Das glaube ich wohl. Hat nicht schon Gotha Bedeutendes zum Verständnis des Verstehens vorgebracht? Und zeigt sich nicht, wie auch die Wissenschaft, die Neurophysiologie, das philosophische Erkennen stützen kann, wenn nur der innere Blick des Fragenden stets an der konkreten Wirklichkeit entlang geht und das Interesse aus wesentlichem Verstehen – und Helfenwollen genährt bleibt?

Lysa: Und wie wäre dieses Wesentliche zu verstehen?

Gotha: Ach Lysa, wir sollten den Aristoteles lesen! Seine
          Metaphysik! Denn ich glaube, dort zeigt er sehr
          schön, wie man letztlich die Substanz und das Sei-
          ende selbst angehen kann. Wäre das nicht ein guter
          Weg durch unser Vorgelände, Ken? Und ist die
          Frage nach dem Wesen nicht die metaphysische
          Frage?

Ken: Gewiss. Und Lysa wäre sicher erfreut, wie viele
          Weisen des Wesentlichen Aristoteles begrifflich un-
          terscheidet. Doch zeigt er auch den Weg, wie man
          das Wesentliche erkennen könne?

Gotha: Zeigt er es nicht?

Ken: Er ist hierin zumindest sehr bescheiden. Auf die
          metaphysische Frage „Ti esti?" (was ist es?) ant-
          wortete er einmal so schön und bescheiden: „Tode
          te!" (dieses da!). Und er meint, dass man wohl nur
          mit dem Zeigefinger darauf hinweisen könnte.

Nicht mehr. Weit schöner aber behandelt er die Frage als solche selbst. Und da ist er seinem Lehrer Platon verpflichtet. Da spricht er vom philosophischen Staunen. „Thaumazein" nannte er mit Platon dieses Staunen.

Lysa: Wo spricht denn Platon davon?

Ken: Nun, Platon lässt Sokrates in der „Politeia" sagen: Es gibt keinen anderen Anfang des Philosophierens, als „Thaumazein", die Verwunderung des Gottes Thauma, dass es das Seiende gibt. Das scheint mir sehr schön gesagt. Und das meinte ich in einem gewissen Sinne, als ich davon sprach, das Interesse des Fragenden müsse aus einem ursprünglichen Verstehen – und Helfenwollen dem wesentlich Begegnenden offenstehen. Ich meine, daraus ergibt sich mehr eine besondere Haltung des Philosophierens, als eine gegenständliche Philosophie oder gar eine Metaphysik.

Gotha: Nun aber scheint mir, seien wir im Begriff, das

Vorgelände unseres Gespräches zu verlassen. Wollen wir nun wie Platon die „Hauptmelodie" und das Eigentliche unserer Frage in Angriff nehmen?

Lysa: Oh ja, bitte Ken, sag nun, wie du das Philosophieren verstehen willst!

Ken: Ich sage gern, was ich dazu vermag, auch wenn es noch nicht jene Grundmelodie, wie Platon sagt, berühren kann.

Peer: Wir hören zu.

Ken: Ist nicht so viel Gutes schon gesagt worden, dass wir uns bemühen sollten, das Gelände zu überblicken, das wir schon durcheilten? Du sagtest doch, Gotha, die „Verdichtung des Verstehens" einem Menschen gegenüber gebe sich schrittweise. Zunächst sei aus liebender Haltung heraus und in offener, dem inneren Vernehmen offener Weise, die „Sammlung" jener Erscheinungen anzutreten, die sich aus echter Begegnung heraus fast zufällig ergibt. Solche Sammlung mag eine innere und zugleich äußere Sammlung sein, ein Hinhören und Offenstehen vor der fast unendlichen Fülle der Erscheinungswelt, doch so, dass du stets innerlich schon erwartend eingestimmt bist auf das, was dir vom Begegnenden als in seiner Sicht Bedeutendes begegnen mag. Solche „motivoffene Sammlung", meine ich, wäre der erste Schritt des „intuitiven Verstehens". Philosophisches Verstehen ist intuitives Verstehen. Nun ist solches Sammeln dem persönlich und innerlich nahestehenden Menschen gegenüber leichter, als dem Fremden, und dem Menschen gegenüber leichter als einem vertrauten Hunde gegenüber, oder einer Katze gegenüber. Um wie viel schwieriger mag es sein, ein uns ganz fremdes Tier in seinem Innenleben zu verstehen, oder eine Pflanze?

Lysa: Kann man denn sagen, dass eine Pflanze ein Innenleben habe?

Ken: Ich meine nicht, dass sie Bewusstsein habe, wie wir

es aus unserem eigenen Leben kennen, oder wie jene Wesen zeigen, die eine Rückmeldung an ein nervöses Zentrum aufbauen. Doch hat eine Pflanze von innen her eine Kraft des Wachsens, der eigenen Ausgestaltung, des Blühens und des Reifens, sie begegnet zahlreichen äußeren Reizen von innen her mit ihren eigenen Intentionen, und dieses Leben, das von innen her wirksam ist, nannte ich „Innerlichkeit" oder „Vorbewusstheit". Freilich ist es nicht leicht, ein solches Innenleben zu verstehen. Und vielleicht müssten wir lange warten, bis wir aus dauerndem Umgang, in dem wir recht viele Pflanzen in ihrem Lebendigsein erleben und vielleicht auch viele wie ein Gärtner betreuen würden, ein verdichtetes Verstehen gewönnen. Und, nicht wahr, es würde nicht genügen, dass wir uns an den Pflanzen freuen, dass wir sie begießen oder auch wissenschaftlich zerteilen und untersuchen oder sie durch Generationen hin aufziehen – um sie dichter zu verstehen. Sondern nur wer mit jener offenen Haltung, von der du gesprochen hast, Gotha, an die Pflanzen immer wieder heran trete und sich nicht beeilte, sie in Kategorien zu sammeln, zu benennen und zu begreifen, hätte die Hoffnung, im Laufe langer, fruchtbarer Zeiten, „fruchtbaren Wartens", wie du sagst, etwas von den Pflanzen auch zu verstehen.

Lysa: Ist denn überhaupt möglich, etwas von Pflanzen zu verstehen? Und wäre es für den Philosophen nicht besser, sich an den Menschen zu halten, wo das Verstehen ja leichter ist?

Ken: Wie klug du fragen kannst. Und viele Philosophen folgten still diesem Gedanken. Aber ist es nicht so, dass die Pflanzen uns in einigen Funktionen recht nahe sind, wie darin, dass sie Wasser brauchen und auch welken und sterben? Und andererseits: ist es mit dem vegetativen Leben des Menschen nicht ähnlich? Und hieße es nicht, den Menschen in sehr wichtigen Bereichen seines Lebens unverstanden zu lassen, wenn wir uns nicht bemühten, auch seine vegetativen Lebensbereiche zu verstehen?

Peer: Würdest du Halt machen, Ken, mit deinem Aus-
          blick auf das Verstehen der organisch-lebendigen
          Natur? Oder meintest du, dass man ausziehen
          könnte, die Natur im Ganzen, auch das Unorgani-
          sche in der Natur verstehen zu lernen?

Ken: Das ist ein feiner Gedanke, Peer. Und er bringt
          mich ein wenig in Verwirrung.

Gotha: Wie der Zitterrochen des Sokrates. Nur dass Sokra-
          tes den Menon in Verwirrung brachte und seine ei-
          gene Verwirrung eher eine gespielte war.

Ken: Zumindest gefiel er sich selbst eine Zeitlang in der
          Verwirrung, wie es ja schön ist, eine Zeitlang in der
          echten Frage schwebend zu verweilen. Allein, mei-
          ne Verwirrung kommt eher daher, dass ich die Fra-
          ge mit euch noch nicht bedachte, ob denn die anor-
          ganische Natur auch ein Innenleben hätte. Denn,
          nicht wahr, nur was ein eigenes Innenleben oder so
          etwas, wie ein inneres Wirken hat, lässt sich verste-
          hen. Doch da müssten wir vielleicht Bodo fragen,

der ja als Maler mit Farben und als Bildhauer mit Steinen umzugehen gewohnt ist. Da könnte er uns ja wieder eine seiner Geschichten erzählen.

Bodo: Geschichten erzähle ich immer gerne. Auch bin ich überzeugt, dass auch Steine und Farben so etwas wie ein „Innenleben" und inneres Wirken haben. Aber ob meine Erzählung das auch dartun kann, und ob sie Peers Frage beantwortet und Lysas strenger Prüfung standhält, weiß ich nicht.

Peer: Nur zu!

Lysa: Wenn Du mich hierzu überzeugen könntest, wollte ich dir Modell sitzen, solange du willst.

Bodo: Das lässt sich hören. Auf denn! Das ist meine Geschichte:
Es war einmal ein Steinmetz, der war berühmt für seine schönen Brunnen, die er in Stein gemeißelt. Als es kam, dass er sterben musste, rief er seinen Sohn und sprach: „Du hast mein Handwerk gut ge-

lernt und mir bei der Ausgestaltung meiner Brunnen viel geholfen. Ich danke dir. Als Bildhauer hast du mich weit überflügelt. Mein ganzes Werkzeug sei nun dein. Allein, es bleibt mir eine Bitte. Ich hatte einen Auftrag, den ich nie erfüllen konnte. Es ist der singende Brunnen, der oben auf dem Dorfplatz stehen sollte und dessen Weise alle verstehen würden, die ihn hören." Darauf starb er.

Der junge Steinmetz ging nun hin, besah den Platz und machte sich alsbald ans Werk und schuf einen Brunnen wie ein Märchen. Eine schöne Frau träumte über dem sprudelnden Wasser und die Sonne spielte in ihrem lockigen, steinernen Haar. So ähnlich, denk ich, wie in Lysas blonden Locken. Die Leute, die da kamen, lobten den Brunnen und erzählten sich viele Märchen, die die steinerne Frau da oben träumen würde. Aber die Weisen des singenden Brunnens verstanden sie nicht. Da hatte der Meister einen Traum und im Traum hörte er sich sagen: „Du musst einen neuen Brunnen bauen, dessen Weisen die Leute verstehen. Aber nicht eher werden sie den singenden Brunnen verstehen, als auch du die Steine, das Wasser, die Luft und das Licht um den Brunnen verstehst".

Am andern Morgen zog er aus, die Steine, das Wasser, die Luft und das Licht verstehen zu lernen. Und wo immer er an einen Felsen kam, da erfreute er sich der schönen Formen und rief sie an und lauschte, ob der Stein Antwort gäbe. Aber der Stein blieb stumm. Und nur sein eigenes Echo hörte er gelegentlich widerhallen. Und wenn er an eine Quelle kam, wenn Winde ihn umwehten, wenn der Himmel sich blau über ihm spannte und wenn die Sonne heiß am Himmel stieg, so rief er sie an. Doch blieben sie stumm und er hörte nur seine eigene Stimme.

So wanderte er lange Zeiten und fand keine Antwort. Da war er traurig und zündete sich ein Feuer an und setzte sich nieder, sich daran zu erwärmen, und wie er in das knisternde Feuer lauschte, sah er einen alten Mann hinzutreten, der freundlich grüßte. Und er hörte eine Stimme, die ihm sagte: „Du musst den Brunnen von innen heraus bauen." Und kaum, dass er den Gruß erwidern und fragen konnte, was das bedeuten solle, war der Alte verschwunden. Da war der Meister froh und am nächsten Morgen zog er aus und wo ihm ein Stein am Wegesrande auffiel, da nahm er ihn auf und betrachtete ihn liebevoll und drehte ihn herum, bis er an den Schichten seiner Lagerung sehen konnte, wie er entstanden und geschichtet war. Er fühlte seine Schwere und seine innere Festigkeit und wo der Stein brach, da war ihm, als spürte er das innere Loslassen, das Zerreißen einer inneren Beziehung, die eben noch bestanden hatte. Und er betrachtete die Bruchstelle und sah, wie sie bei aller Zufälligkeit des Sprunges doch in allen Einzelteilen schön und unverwundet war. Und wenn er mit seinem Meißel die Steine zu gestalten begann, so gab er darauf Acht, dass sein Meißel die Oberfläche nicht roh und derb zerschlug, sondern dass er innerlich mitschwang und jede Bruchstelle schön und unverwundet blieb. So gewöhnte er sich daran, den Stein von innen her zu bearbeiten und glaubte die eigene Sprache der Steine nun zu verstehen. Und so lebte er auch mit dem Wasser und mit Licht und

Luft, und wo er eine Quelle sah, da verweilte er lange, bis er glaubte, etwas von dem sprudelnden Wasser, den Tropfen und den aufleuchtenden Lichtern von innen her zu verstehen. Und nachdem er lange Jahre so gelebt und gestaltet hatte, kam er wieder heim zu dem Dorfplatz und formte einen Brunnen, dessen Steine so schön gestaltet waren und dessen Wasser so heiter ins Becken vielen, dass alle Leute, die kamen und ihn sahen, ihn den singenden Brunnen nannten und sie lobten die feinen Steine und die herrlichen Formen und freuten sich an dem heiteren Wasserspiel. Aber die Weisen des singenden Brunnens verstanden sie nicht.

Der Meister setzte sich auf den Rand des Brunnens und überdachte sein Werk. Da kam eine alte Frau und grüßte freundlich und sprach: „Du hast einen singenden Brunnen gebaut, aber die Leute verstehen seine Weisen nicht. Die Sprache der Steine, die du zu verstehen glaubst, ist deine eigene Sprache. Du musst einen neuen Brunnen formen. Und nicht eher wird man seine Weisen verstehen, als du dich selber darinnen verschenkst." Wie soll ich das tun, wollte er fragen. Aber die alte Frau war schon fort. Am nächsten Morgen brach er auf, um zu erfahren, wie er sich im Brunnen selber verschenken könnte. Und wieder durchzog er die Welt lange Jahre. Und wo er Felsen fand, die ihm gut schienen, da lebte er mit ihnen und bildete aus ihren unförmigen Brocken lebendig wirkende Gestalten. Und so lebte er auch mit dem Licht, der Luft und dem Wasser, aber die Worte der alten Frau blieben ihm dunkel.

Da kam eines Tages eine junge Frau in den Steinbruch, in dem er gerade arbeitete. „Wozu bildest du die vielen Gestalten?", fragte sie.

„Ich muss den singenden Brunnen bauen", erwiderte er. Ihm schien sie seiner ersten Brunnenfigur ähnlich und doch war sie ganz anders. Sie blieb und lächelte. Er freute sich, wenn sie sang, während er Steine schlug. Sie blieb lange. Sie liebten sich und lebten miteinander und hatten ein Kind. Er arbeitete nun mit doppelter Freude an seinen Steinen. Er meißelte den Gesang seiner Frau in die Steine hinein, ganz hingegeben an seine Berufung.

Ihr Kind, der Knabe, wuchs heran und hatte bald Freude an den Steinen und half ihm mit seinen kleinen Händen im Steinbruch. Doch war es dem Meister, als werde seine junge Frau immer trauriger neben ihm. Wenn er sie fragte, was es sei, so lächelte sie traurig und sagte: „Es ist schon gut. Tu nur, was du musst." Und je mehr er sich seinem Brunnen zuwandte, desto trauriger und kränker wurde sie. Ihm war, als läge der Schatten des Brunnens auf ihr. Eines Tages sprach sie zu ihm: „Geh' heute nicht zur Arbeit!" Er aber antwortete: „Heute sollen die Steine fertig werden und morgen werden wir feiern." Er ging in den Steinbruch, aber die Arbeit dehnte sich aus und kam an kein Ende. Als er nach Hause zurückging, fand er die Türe offen und er hörte das Schluchzen des Kindes und seine Frau lag da und war tot. Da war er untröstlich und weinte und das Kind weinte mit ihm. „Ich hätte den Brunnen aufgeben sollen", sagte er zu sich. Und als sie die Frau begraben und alles bereitet hatten, verließ er mit dem Knaben den Steinbruch und zog weiter in die Welt.

Sie waren lange Jahre gewandert und kamen von Ort zu Ort und lebten von Gelegenheitsarbeiten, die sich ihnen boten. Einmal kamen sie an einen neuen Felsbruch. Da überkam ihn die alte Sehnsucht nach dem singenden Brunnen. Der Meister begann zu arbeiten. Der Knabe war schon tüchtig und half freudig mit. In den Gestalten, die der Meister formte, lag die ganze Traurigkeit seines Erlebens und verklärte seine Gebilde. Alle die es sahen, verwunderten sich und priesen und liebten seine Formen. Da gedachte er oben im Steinbruch einen Stein zu lösen, der recht wäre für eine neue Brunnenfigur. Er ging hinauf und arbeitete lange und sorgsam, den Stein zu gewinnen. Sein Sohn half ihm dabei voller Eifer und Freude. „Gib acht", rief der Meister seinem Sohn zu und wollte auf das bröckelnde Gestein hinweisen. Doch da sah er ihn hinab stürzen in die Tiefe und als er ihn unten auffand, war er tot. „Der Brunnen!", rief er entsetzt, „Er tötet alles, was mir lieb ist. Ich hätte nicht wieder anfangen dürfen." Und er begrub seinen Sohn und verließ den Steinbruch und wanderte fort.

Er wanderte weit und war schon alt, als er in den Bergen wieder zu einem stillgelegten Steinbruch kam, in dem Kinder spielten. „Sie spielen auf einem Grab", dachte er. „Ich werde den Brunnen nicht bauen." Die Sonne versank über den Kämmen der Berge und Mücken und Vögel tummelten sich in ihrem letzten Licht. Die Bäume und Büsche, Gräser und Blumen überwuchsen die kahlgeschlagenen Stellen an vielen Orten und unten hatte sich aus dem Bergwasser ein kleiner Teich gebildet. In ihm spielten die Kinder. Er setzte sich und schaute eine Weile zu. Und wie er so saß und keinerlei Bedürfnis mehr hatte und am liebsten in die Nacht versunken wäre, da trat ein Kind vor ihn hin und sprach ihn an mit heller Stimme und sagte: „Der Brunnen ist hier. Suche die Quelle!" Und ehe er fragen konnte, war das Kind verschwunden. Da tat sich ihm eine innere Pforte auf und die Landschaft, die vor seinen Augen lag, schien ihm ganz neu. Als hätte er sie noch nie gesehen. Und doch war ihm, wie wenn er dies alles schon seit jeher in sich trüge. Er sah die Kinder, wie sie dem Wasser vertraut waren und mit Steinen spielten und sah die Vögel und Mücken in der Luft und ihm Licht und das Gefühl überkam ihn, wie doch dies alles ineinander und auseinander lebt, wie Alles vor einem ihm eigenen inneren Bedürfnis und Tun durchpulst ist. „Alles ist lebendig auf seine Art" durchfuhr es ihn und er blickte die verwitterten Steintriften hoch. „Alles ist miteinander verwandt". Und durch das vertraute Bild der Landschaft vernahm er die unendliche Fülle innerer Lebendigkeit. Er nahm einen verwitterten Stein auf und betrachtete ihn. Das Dunkel des Ursprungs und die Sprache fortwirkender Dauer waren in ihm. Aus der inneren Fülle des Steines überkam es ihn wie die urtümliche Tätigkeit unfassbaren Eigenwesens. Er saß lange da, die Kinder waren singend nach Hause gegangen. Die ersten Sterne zeigten sich am Himmel. Die Nacht zog herauf. Und wie er die Sterne in ihrer Unzahl kommen und gehen sah, da fühlte er: „Dies alles ist aus dem gleichen Wirken." Ein ihm immer schon vertrautes „Leben", ein ursprünglich tätiges Sein. Die ganze Nacht blieb er so und betrachtete das

Schauspiel am Himmel.

Am Morgen aber zog er aus, die Quelle im Steinbruch zu suchen. Er fand sie bald. „Der Brunnen ist hier", sagte er. „Nicht ich muss ihn machen, mein Leben ist eins mit ihm." Und er schichtete die Steine, die der Steinbruch ihm schenkte um die Quelle herum und baute Wege zu ihr hin und von ihr hinab in die Landschaft und fügte alles zu einem lieblichen Ganzen, das in allen Teilen den großen bewegten Formen der Natur entsprungen schien. Und wo er den Meißel ansetzte, da nur, um mit der Sprache der Natur selbst die Formen zu suchen, die sich besser ins Ganze fanden. Die Menschen der Umgebung sahen verwundert das Werk heranwachsen und brachten ihm, was zum Leben nötig war. Und sie halfen ihm, die großen Platten zu legen und zuletzt, als das Werk fast beendet war, errichteten sie oberhalb der Quelle einen gigantischen Stein, der kantig gewunden und von Wind und Wasser so geschliffen und verwittert war, dass er im wechselnden Licht der Sonne die innere Sprache jedermann, der ihn sah, offenbarte. Und als dies vollendet war, starb der Meister. Die Menschen aber betrachteten den durchgestalteten Steinbruch mit Ehrfurcht und wer die Steine und das ganze Denkmal so aus der Landschaft heraus geboren sah, der sah verwundert und mit neuen Augen in die Runde und vernahm im Murmeln der Quelle Weisen des eigenen Lebens.

Peer: Dein Märchen lass ich mir gefallen! Du bist nicht nur Maler und Bildhauer, sondern auch ein rechter Märchenerzähler. Nun wird auch Lysa nichts anderes übrig bleiben, als ihr Versprechen einzulösen.

Lysa: Das will ich gerne, sofern unsere Frage recht beantwortet ist. Willst du, Ken, dieses Märchen annehmen als Antwort auf die Frage nach der Innerlichkeit der anorganischen Natur?

Ken: Oh ja, das tu ich. Da bleibt dir nichts erspart. Und mir ist es ein Zeichen, wie wohl beraten der Philosophierende ist, der sich der bildhaften Sprachform der Kunst und des Märchens anvertraut. Dies tat auch Platon. Denn wo die direkte Aussage sich dem Denker versagt, da kann das künstlerische Formenspiel der Sprache Hinweis und Durchblick sein.

Im Nebenzimmer läutete das Telefon.

Ken: Gotha, willst du für mich hören, wer es ist?

Gotha ging durch die Glastür ins Nebenzimmer und hörte den Fernruf ab.

Gotha: *von drüben:* Herzliche Grüße von Till. Er werde etwas später kommen. Doch komme er gewiss. Wollen wir nicht zuvor noch einen kleinen Imbiss nehmen?

Gotha hatte im Nebenzimmer einen kleinen Imbiss vorbereitet. Die Teilnehmer des Gesprächs fanden sich dankbar, wenn auch durch die offenen Fragen noch betroffen, dort ein.

Lysa: *Erst leise zu Bodo:* Nun gut, so sollst du deine Perücke haben. Und Till geschieht es recht, wenn er so spät und selten kommt.

Dann zu Ken:

Nun aber schuldest du uns, Ken, die Deutung jenes Märchens.

2. Kapitel

Alle Teilnehmer hatten nach dem Imbiss in der Stube wieder Platz genommen.

Lysa: Auch ich möchte danken für den guten Imbiss und insbesondere dir, Gotha, für die liebevolle Zubereitung. Ich glaube, auch Peer und Bodo werden einräumen, dass es auch ohne Braten vortrefflich schmeckt. Auf Till müssen wir nicht warten. Ich kenne das. Er kommt erst spät.

Sie nahm das Gespräch wieder auf:

   Wie steht es nun mit der Seele und mit dem Innenleben der anorganischen Natur? Und wie kann das im philosophischen Denken bezeugt werden?

Ken: Dass auch die anorganische Natur ein „Innenwirken" habe, möchte ich mit Bodos Steinmetz voll bejahen. Nur ist es schwerer, dies in Worten zu umschreiben und zu sagen, als es einzusehen. Der Weg, der dahin führt, es einzusehen ist von Gotha und von Bodo gut umschrieben. Ich könnte ihn den

„syndromen Weg intuitiven Verstehens" nennen. Doch die Worte sind leicht missverständlich und tun nicht viel zur Sache. Man kann solche Erkenntnis nicht experimentell und nicht durch begriffliche Ableitung oder durch „strenge" Umschreibung gewinnen. Sondern eben jenes vielfältige, langfristige und dem Begegnenden „offene Sammeln" als erster Schritt, sodann als zweite Phase jenes „fruchtbare Warten", dass die Verdichtung des Verstehens sich innerlich gebe, führt gelegentlich zu einem Durchbruch, zu neuen Weisen der Einsicht aus den eigenen Grundmotiven des Begegnenden heraus. Das wäre jener „fruchtbare Moment", der intuitive Durchbruch, die intuitive Eingebung philosophischen Verstehens.

Gotha: Jetzt bist du aber wirklich nahe dran, Ken. Jetzt endlich kommt die Grundmelodie deines Denkens.

Ken: Die Welt in ihren Grundmotiven zu verstehen, ist mir der Weg echten Philosophierens. Solches Verstehen lässt sich nicht im reinen Denken und nicht daheim am Schreibtisch finden. Man muss hinaus, der Welt oder der eigenen Seele in ihren tausendfältigen Formen des Wirkens zu begegnen. So Aristoteles, so auch Leibniz: „Vieler Dinge kundig müssen die Philosophen sein". Auch lässt sich die Weite der konkreten Erfahrung nicht zusammenfassen zum Allgemeinen. Sondern es vielfältig in der Erinnerung zu bewahren und es bei neuer Begegnung und Einsicht im Griff zu halten und auf neue Weise erklingen zu lassen in den Sinn des Verstehens, ist der rechte Weg, zur „Verdichtung" verstehender Einsicht zu gelangen. Und wenn man in solcher Weise immer wieder neu in Begegnung steht, dann kann man berührt werden von einem Bewusstsein, dass alle Erscheinungen, die uns begegnen, einerseits aus uns selber stammen, wie ja unsere Augen die Welt färben und wie der Schall von uns wahrgenommen wird, aber auch, dass die bunte, vielfältige Erscheinungswelt der Natur, wie immer sie uns widerfährt, zugleich eigenständige Wirkungen darstellt, Aktionen uns begegnender Subjekte. Wirklichkeit ist die Gesamtheit uns begegnender Subjekte und ihrer Wirkungen mit Einschluss unserer selbst. Diese Subjekte der Wirklichkeit kommen nicht „stumm" daher, sie können nicht letzte kleine Klötzchen sein, die keine Aktion mehr haben. Dadurch, dass sie wirken, dass sie sich bewahren und Beziehungen eingehen, zeigen sie, dass sie wirkliche Kräfte sind. Eine „Materie" im eigentlichen Sinne kann es nicht geben. Nicht als untätige Masse. Nicht als bloß Empfangende. Was uns Materie scheint, ist nur das Erscheinungsbild des Beziehungsfeldes, das jene, für unsere Sinne nicht mehr fassbare Vielfalt der tätigen Subjekte austrägt. Der Stein, das Licht, was immer uns begegnen mag, ist darum in einem innerlichen Sinne tätig, ich könnte mit Bodo auch sagen „lebendig", wenn man dabei nicht schon an organisches Leben denkt. Alles Wirken geschieht als innere Tätigkeit, aus inneren Bedürfnissen und Beweggründen einzelner Subjekte. Solche Motive entwerfen die subjektive Dauer und im Vergleich die Zeit. Das Beziehungsnetz der Individuen entlässt den Raum.

Nun gibt es vergleichsweise einfache Wesen

wie die Individuen, die der sogenannten anorganischen Materie zugrunde liegen. Sie wirken nur aus wenigen Motiven und scheinen sich darum durch lange Zeiten zu bewahren. Die Resultante ihrer Motive ist das, was wir Naturgesetze nennen. Die Natur folgt nicht gegebenen Gesetzen. Sie entwirft sie. Die mathematische Fassbarkeit der Gesetze ist unsere Schau, die einfachen Resultanten ihres vielfältigen Beziehungsgeflechtes zu denken. Die Tatsache, dass Individuen sind, die sich bewahren und in Beziehung stehen, ist Grundlage der Mathematik im Ganzen, Grundlage auch des begrifflichen Denkens und der Wissenschaft.

Nun gibt es außerdem auch Individuen, die sich zu vielfältigen Motivfeldern entwickelt haben. Das ist die Urzeugung, das Geheimnis des Lebendigen. Die „Seele" ist nicht ein Funktionsfeld des Bewusstseins. So, wie wir sagen könnten: „Meine Seele", und damit einen inneren Gefühlsbereich beschreiben. Alles Bewusstsein ist Funktion einer Seele. Es gibt kein Bewusstsein für sich, nicht als Subjekt. Die Seele, wie ich sie meine, und wie schon die alten Griechen sie auffassten, ist stets ein Subjekt. Sie ist Wirklichkeit. Sie ist dieses eine Lebewesen selbst. Sie ist nicht körperlich. Sie hat keinen Sitz im Leib, wie Descartes meinte. Sie ist nicht Funktion eines Organs. Sie ist ein aus zahlreichen Kräften unmittelbar zusammengewachsenes Wesen. Es sind nicht die Organellen unserer Organe, denen sie erwächst. Es sind die Kräfte selbst, die sich zusammengewachsen, in motiventworfenen Samenzellen, in den Gonaden, bei der Zeugung inniglich verbinden. Die Seele ist ein Kraftwesen, ein Subjekt aus Kräften. Das kann man sich nun allerdings schwer vorstellen. Aber wir empfinden und fühlen es auch so. Solange die Seele lebt, empfinden und fühlen wir sie auch als ein zwar tausendfältiges aber doch einheitliches Kraftwesen. „Seelen", möchte ich sagen, sind lebendig organisierte Lebewesen. Sie erbauen ihren Leib aus zahlreichen, verhältnismäßig nah verwandten, elementaren Kräften und nötigen diesen Individuen ihre eigenen Seelen-Motive auf. So werden auch etwa die komplexen Eiweißstoffe, die ein Lebewesen mit seiner Nahrung aufnimmt, durch seinen Grundumsatz auf die elementaren Individuen abgebaut und wieder aus leibeigenen Bezügen aufgebaut. So vermag das lebende Wesen sie sich einzuverleiben. So baut es seinen Leib. Der Leib ist nichts Beständiges. Es gibt ihn nicht als eigenständiges Subjekt. Er ist aus der Fülle einverleibter, verwandter Kräfte aufgebaut und aus der seelischen Mitte der Lebensmotive als Beziehungsfeld entworfen. Im Laufe des Lebens wird der Leib um- und umgebaut. Freilich wäre es nicht gut, den Leib gering zu achten. Er ist ein wundersames, aus Lebendigem gefügtes Instrument von solcher Feinheit und von solcher Dichte, dass unser Bewusstsein nicht Kraft hat, sein inneres Bezugsfeld auch nur annähernd vorzustellen. So tut man gut, den Leib zu pflegen.

Lysa: Und wie siehst du die Beziehung zwischen Leib und Seele?

Ken: Wie ich schon sagte. Die Seele ist dieses eine Lebewesen selbst. Ihr eignet der Entwurf aller Motive, die sie für ihr Leben braucht und die sie aus der Mitte ihrer Herkunft und aus der Fülle tätigen Umwelt-Umgangs entfalten mag. Ihren Leib entwirft sie als dienendes Organfeld. Zwar sind die Individuen, die sie braucht, in deren eigenem Sinne weiter tätig, doch sind ihnen durch den Bezug der Seele jene Dienste im Sinne seelischer Motive überbunden. Jede Zelle ihres Leibes ist aus dem Motiv-Sinn der Seele herausgeboren und doch wieder ein eigenes Lebewesen für sich, das die elementaren Individuen, aus deren Kombinationen sie sich aufbaut, trägt und erhält. Jede Zelle ist selbst eine Seele. So erhält jede in einem gewissen Umkreis ihr Eigenleben und dient als Glied des Leibes zugleich der umfassenden Seele. Ein vielgestaltiges Organ, wie das Gehirn ist aber nicht ein Wesen in sich selbst. Es vermittelt nur Motive und Lebensintentionen der Seele, die es auf Dauer aufbaut und erhält. Die elektrischen Potentiale, die wir messen, die chemischen Aktionen der Transmitter-Stoffe folgen im Grunde nur dem aktiven Motiv-Geschehen, das die umfassende Seele selbst ihren dienenden Individuen übermittelt. Das Gehirn denkt nicht. Es vermittelt nur. Doch ist die innere Aktivität, ja, die „Lebendigkeit" des Leibes in der Vielfalt seiner Individuen und Zellen und seinem Struktur- und Beziehungsfeld wirksamer Partner der Seele. So kommt das Wechselspiel zustande, das wir kennen, zwischen Leib und Seele. Die Motive der Seele sind dem Leibe eingewoben. Darum kann das Gefüge des Leibes auch die Motive der Seele annehmen und wirksam werden lassen. Ein Defekt im Beziehungsfeld des Gehirns wird auch zur Störung seelischer Funktionen. Die Seele ist nicht frei von ihrem selbstgebauten Leibe, wie auch der sogenannte Leib weitgehend aus der Seele selbst herausgeboren ist. Und nur für kurze Dauer vermag das Lebewesen, diese umfassende Seele, die verwandten Subjekte so in Dienst zu nehmen und es muss sie auch wieder entlassen und so seinen Leib abbauen und erneuern. Das ist das Lied von Leben und Sterben von jedem Lebewesen.

Gotha: Und würdest Du auch annehmen, wie Leibniz in

seiner „Monadologie", dass die Seelen und die elementaren Individuen fensterlos, einfach und unvergänglich, dass sie unsterblich sind?

Ken: Das würd' ich nicht. Ich wollte solches Denken zwar in keiner Weise von mir weisen. Ich könnte es nicht und wollte es auch nicht. Doch scheinen mir solche Gedanken bei Leibniz spekulativ erschlossen und aus moralischer Verpflichtung oder religiöser Offenbarung heraus entworfen. Auf dem philosophischen Wege elementaren Verstehens ergeben sich die Gedanken individueller Unsterblichkeit nicht. „Fensterlos" können in meiner Sicht Individuen und Seelen nicht sein, da sie ja in Beziehung stehen. Leben und Sterben aber ergeben sich meinem Denken aus der Impulsdauer der individuellen Motive. Individuelle Motive haben nicht nur Intensität, wie Leibniz annahm. Sie wirken auch aus der Impulskraft. Und darin liegt ihre Dauer und ihre Grenze. Das Verständnis der Motive mag dem Philosophierenden den Sinn menschlichen Lebens erschließen und auch das Sterben sinnvoll erscheinen lassen. Vielleicht ist die Frage nach dem Leben jenseits des Todes auch in einem ganz anderen Sinn zu verstehen.

Gotha: Bei allen Völkern hat die Frage nach der individuellen Unsterblichkeit den Menschen zutiefst beschäftigt.

Ken: So ist es. Aber vielleicht entspricht sie mehr einem religiösen oder moralischen Bedürfnis oder auch einer ursprünglichen Lebensangst des Menschen.

Gotha: Und wie würdest du das religiöse Bedürfnis vom philosophischen unterscheiden?

Ken: Hier kann ich dir nur meine ganz persönliche Auffassung sagen. Es gibt viele religiöse Grundhaltungen und Konfessionen und sie unterscheiden sich stark untereinander, wie es andererseits viele philosophische Annahmen und Haltungen gibt. In meiner Sicht wurzelt das religiöse Grundbedürfnis entweder in einer tiefen tradierten Geste und Überzeugung, oder es entspringt einer inneren Offenbarung. Beide Weisen sind personaler Beziehung zu Gott verbunden. Als eigentlichen, religiösen Glauben möchte ich das letztere annehmen. Es entspricht einer inneren Begegnung mit dem als Person erlebten Gott. Beten kann man nur zu einem persönlich erlebten Gott, der einen vernimmt, dem man vertraut, der tätig Antwort gibt. Auch der Philosophierende mag von der Gottheit sprechen. Aber er versteht darunter eher den tragenden Grund des Seins, der in allem Seienden, auch in ihm selbst, als Ursprungsmotiv und wesentlicher Entwurf wirksam ist. Zu solchem Motivgrund kann man nicht beten. Da ist kein Ohr der Bitte geneigt.

Gotha: Und wie bringst du das Religiöse in Bezug zur Unsterblichkeit?

Ken: Es gibt viele Motive, die ein Bedürfnis nach Unsterblichkeit der Seele wachrufen können. Ich sagte es schon: Die Furcht vor dem eigenen Sterben, die sich aus dem wachen Selbstbewusstsein des Menschen ergibt, der Eigensinn des Lebens und das Entsetzen, mit dem Tod den eigenen Leib, die eigene Identität, ja alles zu verlieren. Da ist freilich auch die unglückliche Angst vor jenseitiger Strafe. Dann will der Mensch im Diesseits ein wenig gut sein, um der Strafe zu entgehen. Auch die Trauer um den Tod der Angehörigen und anderer Menschen und Wesen weckt die Hoffnung auf Unsterblichkeit. Alle diese Motive mögen starke Triebfedern für das Bedürfnis nach Unsterblichkeit sein. Sie finden im religiösen Urvertrauen auf einen helfenden, tragenden persönlichen Gott Hoffnung und Hilfe. Sie können leicht in kindlich-religiösen, in demütig-hingegebenen oder auch in mythischen Bildern genährt und befriedet werden. Der Glaube schützt und trägt den Gläubigen in sich selbst. Er erhebt innerlich durch den Bezug zu Gott. Er adelt den Menschen durch die geahnte oder auch geforderte Liebe zu Gott, zum andern Menschen und zu allen Wesen. Freilich: Liebe kann man nicht fordern, nicht wollen. Liebe verbindet unmittelbar. Sie überkommt den Liebenden. Sie ruft ihn auf. In fordernden Glaubenssätzen und geprägten Dogmen zerreißt sie die Menschheit.

Gotha: Und der Tod?

Ken: Der Tod ist nicht wirklich. Er ist kein Subjekt. Es gibt ihn in einer gewissen Weise nicht. Er ist ein Schreckgespenst des geängstigten Selbstbewusstseins. Die Krankheit ist wirklich. Es gibt das Sterben. Das aber gehört dem Leben an. Dem erfüllten Leben ist der „Tod" oft ein Trost. Er erlöst vom Leiden. Wie sagte doch der alte Seneca: „Leben, ich liebe dich um des Todes Willen". Es gibt aber auch ein ethisches Bedürfnis und das ist anderer Art. Es ist dem Religiösen oft verbunden.

Gotha: Wie willst du es umschreiben?

Ken: Das ethische Bedürfnis nach Unsterblichkeit erwächst dem Anliegen, weiterhin dienen zu können und anderen Wesen, anderen Menschen, den Angehörigen weiterhin hilfreich zu sein. Die begonnenen Aufgaben zu erfüllen. Das begonnene Werk zu vollenden. Sich selbst zu vollenden. Letzteres freilich ist dem Menschen nicht möglich.

Gotha: So fühlte Goethe. So fühlten viele edle Menschen. So auch Gautama Buddha.

Ken: Wo das Religiöse mit dem Ethischen sich mischt, da öffnet sich die Kraft verbindender Liebe. Wo es dem Moralischen erliegt, da mögen Bilder von Himmel und Hölle und eine persönliche Sorge um das Bestehen der eigenen Seele im Jenseits wachgerufen werden.

Gotha: Wie unterscheidest du Ethik und Moral?

Ken: Ethik ist die Schauweise spontaner und ganz persönlicher Sittlichkeit. Moral ist die Sitte der Sippe.

Gotha: Wie siehst du die Seele in Bezug zum Geist?

Ken: Das Geistige zu umschreiben, müsste ich zurückgreifen auf das „verdichtete" philosophische Verständnis der Motive.

Lysa: Oh bitte, tu das!

Ken: Der Mensch ist ein Wesen, dass so vielen inneren Motiven folgt, dass es gut wäre, diesen Motiven in immer neuen persönlichen Spielformen, in immer neuen Bezügen und Tiefenbereichen zu begegnen und sie zu unterscheiden. Bei sich selbst und bei anderen Menschen. Wenn wir von menschlichen Motiven sprechen, sind wir leicht geneigt, sie im psychologischen Sinne als Funktionen des Bewusstseins, des Willens, des Antriebes zu verstehen. Allein, wir dürfen nicht vergessen, dass die Motive immer auch der Organbildung selbst zugrunde liegen. Und zwar in vielfältigem Wechselspiel. Wenngleich die ursprüngliche Funktions-Intention der Organbildung in einem gewissen Sinne vorausgeht, so ist doch im Zuge der inneren Entwicklung der Leib als organischer Vermittler der seelischen Funktionen und Intentionen vorgebildet. So, dass unmittelbare Bedürfnisse und Organbildungs-Bedürfnisse sich gegenseitig rufen und unterstützen. Die Organbildungs-Bedürfnisse sind schwer zu vernehmen, sie wirken meist im Verborgenen, dem bewussten Zugriff schwerer erfassbar. Die unmittelbaren Intentionen der Seele können wir durch den Ausdruck des bewegten Leibes leicht erfassen.

Das Ausdrucksverstehen des Augenblicks verweist sogleich wieder in die Tiefe seiner eigenen inneren Geschichte. Das Verständnis der aktuellen Motivationen weist zurück auf das Verstehen individuell entfalteter Motive dieses Menschen und solches Verstehen setzt wiederum voraus, die verschiedenen Grundmotive des Menschen zu vernehmen. Wer ein Kind lächeln sieht, der mag das Lächeln in einem vorläufigen Sinn unmittelbar verstehen oder seinen Sinn aus dem Blick des Kindes, aus dem gegenständlichen Umfeld seiner Zuwendung erschließen. Allein, hier können wir leicht missverstehen und unsere eigenen Motive in das Verstehen der aktuellen Motivation des anderen

Menschen, dieses einen Kindes, hineintragen. Wer die persönlichen aktuellen Motivationen des anderen Menschen wirklich in dessen eigener Tiefe verstehen will, tut gut, ihm in die Zeittiefe seiner Entwicklung zu folgen und so seine individuellen Motive aus dessen Entwicklung heraus, aus der Geschichte seines Lebens heraus zu verfolgen und zu verstehen. Das ist wohl auch der tiefere Sinn dessen, was du, Gotha, sagtest: Nur im langfristigen Umgang lasse sich der andere Mensch wirklich verstehen. Es ist schön und bereichernd, einem anderen Menschen in die Geschichte seines Lebens, schön, dem Biographischen anderer Menschen, auch erdichteter Gestalten, zu folgen. Denn sie zeigen uns die aktuellen Motivationen aus der individuellen Entwicklungstiefe des anderen Menschen. Jeder Mensch lächelt anders. Und jeder lächelt in sehr vielfachen Weisen. So ist es stets ein rechtes Abenteuer, dieses eine Lächeln aus der Tiefe des Lächelnden zu vernehmen. Eine Mutter mag so das Lächeln ihres Kindes aus seiner Entwicklungstiefe verstehen. Wer den Menschen in späteren Entwicklungsstufen verstehen will, wird gut tun, ihn lange zu begleiten. Und oftmals wird die persönliche Besonderheit seiner individuellen Motive erst verstanden werden, wenn sehr frühe Entwicklungsgeschichte sich darin spiegelt. Sich selbst aus der Tiefe zu verstehen, setzt oft voraus, sich der eigenen frühen Erlebnisse und Motivbildungen bewusst zu werden.

Das Lächeln eines anderen Menschen würden wir aber überhaupt nicht verstehen, wenn uns das Lächeln als Grundmotiv des Menschen nicht tief vertraut wäre. Das Verstehen der individuellen Motive eines anderen Menschen setzt darum immer schon voraus, die Grundmotive des Menschen in sich selbst und in vielfacher Tiefensicht zu erfahren. Aktuelle Motivationen aus individuell gewachsenen Motiven und die individuellen Motive aus Grundmotiven zu verstehen, das ist der Weg, sich dem Begegnenden zu öffnen. Das ist das Abenteuer der philosophischen Anthropologie, der philosophische Weg, das dem Menschen Wesentliche zu erfahren.

Lysa: Und lässt sich über die Grundmotive Konkretes aussagen?

Ken: Nun bist du es, die nach Konkretem fragt. Das lasse ich mir gefallen. Allein, das Konkrete ist in diesem Fall die Entwicklungsgeschichte des Menschen. Und das eben ist der Zauber philosophischer Erfahrung, dass das Wesen des Menschen nicht einfach genannt werden kann. Sondern dass im Erleben des eigenen Lebens, im Hinhorchen auf die vielen Beweggründe und Bedürfnisse in uns selbst, aber auch, soweit immer möglich, im Leben begegnender Menschen, in historischen und erdichteten Gestalten und im Ausdruck aller Kunst das Verständnis der Grundmotive des Menschen sich immer weiter ausspannt und sogleich verdichtet zu einem gewissen Bewusstsein um das, was dem Menschen in einem wesentlichen Sinne, frommt.

Lysa: Und was ist es, was ihm in wesentlichem Sinne frommt?

Ken: Wenn man Menschen in der umschriebenen Weise beobachtet und kennenlernt, dann lernt man bald, zwei unterschiedliche Weisen von Grundmotiven einzusehen, die sein Leben leiten. Die einen teilt er mit der ganzen, lebendigen Welt. Es ist sein Bedürfnis und sein Drang, zu leben. Sein Leben zu bewahren und durchzusetzen, sehen wir ihn in jedem Augenblick beschäftigt. Denn jeder Atemzug und jeder Bissen, den er zu sich nimmt, der dauernde Aufbau und die Erneuerung seines Leibes, die Vorsorge für seine Verpflegung und Unterkunft, der Schutz vor fremder Unbill, zeigen seine Grundmotive als Selbstbewahrungs- und Durchsetzungsmotive seines Lebens. So sind seine Sinne, das Sehen und das Hören und all die vielen Sinnesfunktionen, ja auch die Immunitätskräfte des Leibes und die Widerstandskräfte äußeren Lebens, die er für seine Erhaltung braucht, zunächst aus Durchsetzungsmotiven entworfen und auch tätig. So folgen Begriff und Intellekt, so Wissenschaft, Medizin, Wirtschaft, Technik und Politik zunächst Funktionen seiner Durchsetzungs- und Erhaltungsmotive. Als Einzelwesen in Gemeinschaft und Gesellschaft braucht er eigene Motive solcher Durchsetzung. Und wie das Individuum sich selber zu erhalten sucht, so liegt im Menschen zugleich auch ein Motiv-Bedürfnis zur Arterhaltung, die List der Vernunft, wie du, Lysa, sagtest.

Dann aber wiederum sehen wir den Menschen wirksam aus Motiven ganz anderer Art. Und diese sind ihm mehr oder weniger alleine eigen. Er besitzt ein Vermögen, sich der ihm begegnenden Welt in „reiner" Weise, fernab aller Durchsetzungsmotive zuzuwenden. Was kein anderes Wesen dieser Erde so eindeutig vermag, vermag der Mensch. Er kann sich ohne irgend ein eigenes Lebensinteresse, ohne Motive, die seiner eigenen Durchsetzung und Erhaltung dienlich sind, dem Begegnenden in der Welt, dem Stern, dem Licht, einer Blüte, einem Tier, einem anderen Menschen oder gedanklichen Konfigurationen hingeben, um die im Begegnenden aufklingenden Motive ganz aus jenem selbst, ganz aus dem Bedürfnis des anderen Wesens zu verstehen. Der Durchbruch der Tiere zu einem Bewusstsein von der Welt war ein großartiger Schritt im Zuge der Motiv-Entwicklung des Lebendigen. Doch nicht weniger bedeutend, ja, in seiner Bedeutung unabsehbar folgenreicher, war der Schritt des Menschen, das Bewusstsein von den Durchsetzungs-Bedürfnissen des Lebens teilweise wieder zu entbinden. Vielleicht kann man sagen, dass sei die eigentliche Geburt des Menschlichen im Menschen. Denn mit dieser Loslösung des Bewusstseins vom Bedeutungsfeld des eigenen Bedürfens, löst sich der Mensch zugleich von der Gebundenheit an sein Eigenleben und gewinnt eine Bewusstheit um das innere Motivfeld des Begegnenden. Diese freie Zuwendungskraft möchte ich das „Geistige" im Menschen nennen. Diese neue Ungebundenheit ist die „wesentliche Freiheit" des Menschen.

Lysa: Kannst du hierfür einige Beispiele sagen?

Ken: So viele du willst. Wenn der Mensch in der Frühzeit seiner Entwicklung die Gemeinschaft der Mahlzeiten zu schätzen begann, wenn er den Ver-

wundeten – wie wir aus Knochenfunden ersehen –
jahrelang pflegte, wenn er die Gräber der Verstorbenen mit Blumen bestellte, so musste er hierzu einen Bezug gefunden haben, fernab aller Lebensdurchsetzung und Lebensbehauptung. Denn nur aus
verstehender Hingabe und reiner Zuwendung heraus vermochte er dies zu tun. Wenn er den Feuer-
stein in dessen eigenem Wesen durchschaute, dass
er ihn in so feiner Weise zu behandeln vermochte,
wenn er die Pflanzen in ihrem Wachstum zu pflegen und zu hegen, die Tiere aus ihrem Eigenleben
heraus zu zähmen begann, so musste er sie zugleich
mit der Rückbeugung in neue Brauchbarkeit ihrer
eigenen Motive verstehen. Wenn ein Säugling das
Lächeln der Mutter wahrnimmt, so dass er selbst zu
lächeln beginnt, wenn ein Kleinkind seinen Schatten und dessen Umformungen an der Wand ent-
deckt und damit spielt, so zeigt diese Zuwendung
zur Welt keinerlei Rückbezug zu eigenen Bedürfnissen der Lebensdurchsetzung. Ihm eignet ein rei-
nes Anteilnehmen am Gegebenen. Das Tier lächelt
nicht, es kennt seinen Schatten, aber es gewahrt ihn

nicht. Das Auge des Vogels ist vielleicht besser als das unsere. Aber es vernimmt nur, was dem eigenen Leben des Vogels dient.

Wenn der Mensch sich begegnender Landschaft öffnet und sie freudig bewundert, wenn er staunend die Schönheit im Schreiten eines Tieres, in der Gestaltung einer Pflanze, einer Blüte, eines Gesteins, im Spiel des Lichtes wahrnimmt, so steht er mitten im Geiste. Wenn der Mensch dem andern Menschen liebend zugewandt ist, einzig aus dem Bedürfnis, ihn aus dessen eigenen Motiven heraus zu verstehen und zu pflegen, dann lebt er in geistiger Liebe. Und sieh auch den Künstler! Sein Meißelhieb, sein Pinselstrich, die Formung der Sprache und der Töne, sind, wo sie echt sind, ganz aus der liebenden Hinwendung heraus geboren. Das meinte doch Bodo. In solcher Hingabe nur ereignet sich der Akt der Formung. Und dies alles ist es, was ich das Geistige im Menschen nennen möchte. Es ist ein zartes, inneres Licht, das den Menschen zu seinem Wesen aufruft. Aber es ist das Ganze der Kultur. Doch im Rückbezug auf die Durchsetzungs-

und Bewahrungs-Bedürfnisse seines Lebens gab es dem Menschen die Macht, die Erde zu erobern. Man könnte leicht zwei Weisen der menschlichen Geschichte unterscheiden, die stets in Wechselwirkung stehen: Die Geschichte der Entwicklung seiner Geistigkeit und die Geschichte seiner Durchsetzung, Kulturgeschichte und die Geschichte seiner Zivilisationen. Doch beide sind getragen aus jener zarten Wurzel. Denn auch die Zivilisation im Ganzen ist von einer Seite her von jenem gelinden Aufbruch des Geistigen getragen.

Gotha: Paulus ermahnte die Philipper und auch Titus „Lindigkeit" zu üben. Und auch Zenta Maurina sprach von der „Lindigkeit des Herzens". Das finde ich hierzu ein schönes Wort.

Ken: Es umschreibt sehr gut, was ich zu sagen wünschte.

Gotha: Ist das Geistige dem Menschen eingeboren?

Ken: Angelegt. Doch braucht es vieler Übung, es zu wecken.

Gotha: Wie soll das geschehen?

Ken: Das ist wohl das Ganze der Erziehung.

Lysa: Wie würdest du, Ken, die Anlage des Geistigen umschreiben?

Ken: Nun, wir tun gut, uns dieser Frage zuzuwenden. Denn aus dieser Sicht ergibt sich vielleicht Bedeutendes für den Sinn menschlicher Erziehung. Indes, Lysa, hätte ich diese Frage gerne dir gestellt, denn, wie du heute Abend sagtest, ist dir der Problemkreis des Stimmungsgrundes aus neurophysiologischer Sicht ein besonderes Anliegen und gerade dieses scheint mir mit der Anlage und Entfaltung des Geistigen auf das Engste zusammenzuhängen.

Lysa: Gern will ich hierüber berichten, was ich weiß und was in meinen eigenen Forschungsfeldern liegt. Aber ich muss dich bitten, den Problemkreis, den du jetzt meinst, vorher noch einmal genauer zu umreißen. Wie siehst du den Zusammenhang zwischen diesen neurophysiologischen Fragen und der Anlage und Entfaltung menschlicher Geistigkeit?

Ken: Ich meine es so. Das Geheimnis aller geistigen Entfaltung scheint mir der persönliche Stimmungsgrund des Menschen. Er bedarf in früher Zeit der Schonung und der Festigung. Den vermittelnden Organkreis solchen Stimmungskreises aber musst Du umschreiben.

Lysa: Nun denn, ich meine bestimmte Organe an der Basis des Großhirns und im Stammhirn, ein altes, das Stammhirn umgürtende Organsystem, das auch den höheren Tieren eigen ist, und das Bahnungsfeld, das diese Organe mit vielen Rindenbereichen des Großhirns verbindet. Sie scheinen mir in ihrem Zusammenspiel eine Einheit, die dem Funktionsfeld des Großhirns gegenübersteht. Denn, wenngleich das Großhirn in seiner unvorstellbaren Vielfalt, in seinen zahlreichen Feldern einzelner seelischer Funktionen, Teil- und Stützfunktionen – wenn ich jetzt so sagen darf – das eigentliche Aufbau- und

Wirkorgan der Seele für die verschiedenen Sinnes- und Bewusstseinsweisen darstellt, so ist doch die Aktivierung und Weckung des Bewusstseins in jedem Augenblick abhängig von der Einheit jener zentralen Organe und ihrem Zusammenspiel. Wenn solcher „Anruf" einzelner Bereiche des Großhirns über diese zentralen Kerne entfällt, so erlöschen auch die ihnen entsprechenden Funktionen. Wachen und Schlafen hängen damit zusammen. Die Aktivierung des Bewusstseins in einem bestimmten Feld wie auch das Absinken eben noch aktivierter Bereiche ins Unterbewusstsein oder ins sogenannte Unbewusste werden über den genannten zentralen Organbereich besorgt.

Ich möchte nun vier Wirkweisen hervorheben und trotz ihres vielfältigen Zusammenhangs unterscheiden, die mir für die umschriebenen zentralen Organbereiche und für die gestellte Frage wichtig scheinen.

Der eine umfasst zunächst zahlreiche Regelungen und Überwachungsfunktionen im Hinblick auf das vegetative Leben. Alle wichtigen Lebensprozesse wie Atmung und Blutkreislauf, wie Bewegung und Spannung der arteriellen Blutgefäße, wie der Rhythmus der Herzmuskulatur, wie die Tätigkeit der inneren Organe, der Muskelspannung und Spannung der Haut, werden von zentralen Kernen in der umschriebenen Organisation geregelt. Die Harmonisierung aller intentionaler Bewegungen wird nicht nur über das Kleinhirn, sondern auch über diese Kerne ausgetragen. Auch scheinen die vegetativen Funktionen über diese zentrale Anlage mit zahlreichen Bewusstseinsfunktionen verbunden. Die Führung und Entfaltung des Bewusstseins und auch der Geist des Menschen sind darum nicht unabhängig von den vegetativen Prozessen. Scheint dir nicht, Gotha, dass dies für alle Erziehung bedeutsam werden muss?

Gotha: Gewiss umfasst die Erziehung auch die Pflege des Vegetativen. Doch fahre nur fort!

Lysa: Ein anderer Funktionskreis ist der Gefühlsgrund des Menschen. Es sind wohl in erster Linie Bereiche jenes umgürtenden, „limbischen" Systems, der Mandelkerne, des Hypocampus, über die der Mensch im Zusammenhang mit dem Großhirn den Gefühlsgrund und vor allem – und das berührt deine Frage, Ken, – den persönlichen Stimmungsgrund aufbaut. Der persönliche Stimmungsgrund zeigt einen organischen Anlagebereich, der durch langdauernde, das persönliche Leben begleitende und entscheidend tragende Grundgestimmtheiten aufgebaut wird. Er ist eine nachhaltige, langwährende Grundlage des persönlichen Erlebens. Das einmal Veranlagte ist schwer wieder zu löschen. Es wirft seine Möglichkeiten und seine Schatten weit ins kommende Leben voraus.

Gotha: So ist es. Und auch dies hat für die Erziehung große Bedeutung. Denn, wie Ken durchblicken ließ, und wie es auch mir scheint, hängt die Entfaltung des Bewusstseins und des Geistigen im Menschen weitgehend von solchen Grundstimmungen ab.

Lysa: Die Kräfte der Aufmerksamkeitszuwendung und

das Konzentrationsvermögen, der Merkkraft, der Befestigung des Gedächtnisses und die Aktivierung der Erinnerung, ja alle Lernkräfte scheinen hierin tief verwurzelt.

Gotha: Das könnte ich vielfältig durch meine Erfahrungen belegen. Aber fahre fort!

Lysa: Deckt sich denn, Ken, was ich sagte mit den Erfahrungen deiner eigenen Einsicht?

Ken: Es stützt und bereichert meine Erfahrung. Denn an deinen Ausführungen entlang zeigt sich mir die Entfaltungsmöglichkeit des geistigen Aktes konkreter. Wir vermögen aufgrund der spärlichen Funde aus der Frühzeit des Menschen nur weniges zu erschließen über die ursprüngliche Anlage und Entfaltung des Geistigen im Menschen. Aber das Erwachen jedes einzelnen Menschen zu seiner möglichen Geistigkeit und der Lernprozess selbst sind uns ein weites Erfahrungsgelände, auf dem man zu festen Einsichten über die Entfaltung des

Geistigen kommen kann. Mir scheint, nach allem, was du gesagt hast, Lysa, die Annahme sehr berechtigt, dass das geistige Erwachen des Menschen mit dem Aufbau jener zentralen Organisationen des Stammhirns, des Hypothalamus, des limbischen Systems und des entfalteten und eigens dafür funktionalisierten Bahnungsnetzes zum Großhirn zusammenhängt. Ich möchte dich ermuntern, deine Studien und Forschungen hierzu fortzusetzen.

Die Anlage zur Ausbildung der entsprechenden Organe ist dem heutigen Menschen vorgegeben. Und in so weit lässt sich sagen, die Möglichkeit des Geistigen sei dem Menschen eingeboren. Die organische Ausreifung zum vollen Wirkvermögen sehen wir schrittweise und über relativ lange Zeiten im Leben des Menschen geschehen. Und wie ich schon angedeutet habe, und wie auch Lysa dessen Möglichkeit nun aus der Sicht auf die Organisation des Gehirns umschrieben hat, setzt die Freisetzung der geistigen Funktionen im menschlichen Reifungsprozess voraus, dass die Grundgestimmtheit des Lebendigen, die inneren Geborgenheitsgefühle, das Bewusstsein, aufgenommen, bejaht, geschätzt, geliebt zu werden, zunächst erfüllt seien. Und in dem Maße erst, wie das gegeben ist, vermag der Mensch in jener frühen Zeit jene andern, geistigen Anlagen zu aktivieren. Nur aus einer großen, persönlichen Geborgenheit, aus dem Bewusstsein, gemeinschaftlich getragen und ganz persönlich bejaht und geliebt zu werden, sehen wir das kleine Kind sich zur Möglichkeit des Geistigen erheben. Wo es in diesen Grundbedürfnissen seines Lebens nicht getragen ist, sehen wir die Schatten der Selbstdurchsetzung weit durch sein Leben greifen und das Erwachen seiner geistigen Zuwendungskraft ist ihm – wie Gotha sagt – verschüttet. Das zeigen auch die sogenannten „Wolfskinder" und die pflegelos herangewachsenen Findelkinder.

Meine Frage ist: Wie lässt sich in der Entwicklung des menschlichen Geistes die „Umpolung" des Bewusstseins und der entsprechenden Organe auf die geistige Zuwendungskraft verstehen?

Lysa: Dass zu beantworten wird mir nicht im ganzen Umfang möglich sein. Doch sind meine Studien und Forschungen eben darauf gerichtet. Aus dem Umfeld lässt sich einiges dazu sagen. Nur fürchte ich, die Anwesenden mit Fachworten zu verdrießen.

Peer: Versuche doch, es so einfach wie möglich zu sagen!

Lysa: Ich will's versuchen. Hierzu möchte ich einen dritten Bereich der Hirnfunktionen nennen, den man die „Weckkraft", oder die „Aktivierungskraft" des Bewusstseins nannte. Man könnte vielleicht sagen – und ich sprach anfänglich schon davon – es sei der „Anruf" bestimmter Bereiche des Bewusstseins, die der entsprechende Mensch insbesondere anregen will.

Bodo: Solche Sprache gefällt mir. „Der Anruf des Großhirns!". Das klingt gar nicht mehr physiologisch. Aber kannst du hierfür auch Beispiele geben?

Lysa: Ist dir nicht vorgekommen, dass du beim Lesen

eines schwer verständlichen Buches oder beim Zuhören, wenn der Sprecher – wie ich – langwierig
über dir wenig nahestehende Dinge berichtet, dass
du den Sinn des Gelesenen oder Gehörten gar nicht
mehr fasstest? Ja, dass du die Rede gar verschlafen
hast? Und obwohl die Rede oder die innere Sprache
des Lesens an dir vorüber glitten und du sie in einem gewissen Sinne teilen musstest, sie doch deinem inneren Hören und Sinnverstehen gelöscht waren? Du hast dich in der Zeit vielleicht ganz
anderen Stimmen oder Bildern hingegeben. Oder
auch im Konzertsaal, wenn das Haus voll Musik
war, sie dich aber nicht voll ansprach oder du müde
warst, dass du dann die Musik für Zeiten gar nicht
mehr vernahmst und in persönliche Träume versan-
kest?

Bodo: Nicht jetzt widerfährt mir das, Lysa, da du berich-
test. Ich höre dir wirklich zu und verschlafe deine
Rede nicht. Aber ich kenne dieses „Abschalten" des
Bewusstseins gut. Ja, ich halte es mir als eine gewisse Kunst zuweilen sogar zugute.

Lysa: Das ist gewiss auch ein bedeutendes Vermögen unseres Bewusstseins, dass wir den Gegenstandsbereich auswählen können, dem wir uns zuwenden wollen. Wir müssen vieles abschalten und löschen können, wollen wir uns Bestimmtem zuwenden. Das macht die Enge und Konzentrationskraft des Bewusstseins. Aber auch das innere „Umschalten" auf neue Gegenstände hängt damit zusammen. Wer es nicht vermöchte, bliebe auf lange Zeiten an starke Erlebnisse fixiert. Wie es leicht alten Menschen ergeht, wenn sie eine musikalische Weise oder eine sprachliche Wendung im Kopf haben, die sie nicht abstellen können. Die innere Wendigkeit des Bewusstseins ist ein Vermögen solcher Weck- und Abschirmkräfte. Aber auch Wachen und Schlafen im Ganzen hängen damit zusammen. Beim Einschlafen lösen wir uns innerlich von zahlreichen Bedeutungserlebnissen des Tages. Wer so belastet ist, dass er sich von bestimmten inneren Erlebnissen nicht lösen kann, hätte wohl auch Mühe einzuschlafen. Und auch das Aufwachen ist wohl eine Kunst, den Weckruf am Morgen nicht durch die

Stimmungen der Nacht weiterhin zu überlasten. Ich glaube, dieser Anruf kann schon beim Einschlafen vorbereitet werden.

Gotha: Das ist vielleicht eine Form der Selbstsuggestion. Doch welcher ist der Organbereich, der diesem „Anruf" dient?

Lysa: Es ist in erster Linie ein komplexes System netzartiger Kernverbindungen im verlängerten Rückenmark und bis hinauf in den Bereich des Hypothalamus. Man hat es die „retikuläre Formation des Rückenmarks" genannt. Den „Anruf", von dem ich sprach, nannte man ARAS, das „aufsteigende retikuläre Aktivierungssystem". Das aber wird Bodo weniger gefallen. Ein schwerer Defekt in diesem Organbereich führt zur Schlafkrankheit oder zum Koma. Im Hinblick auf Kens Frage ist es vor allem die Kraft der Zuwendung überhaupt, die durch diese Kerne vermittelt wird. Wobei ich in deinem Sinne, Ken, einräumen möchte, dass nicht die „formatio retikularis" der Initiator solcher Weckkraft und solchen Zuwendungsvermögens sei, sondern dass die „Seele", wie du sagst, über diese Organe ihre Intentionen aufruft.

Ken: Ich habe deine vorsichtige Ausdrucksweise mit Freuden vermerkt und ich glaube, so bist du der Wahrheit näher. Doch welches ist der vierte Wirkkreis, von dem du sprechen wolltest?

Lysa: Der letzte Wirkkreis der zentralen Hirnorganisationen, von dem ich sprechen wollte, betrifft unmittelbar die Frage nach Gehirn und Geist. Gotha hatte gefragt, ob das Geistige dem Menschen eingeboren sei. Deine vorläufige Antwort war, dass das im Menschen angelegt sei, es jedoch vieler Übung bedürfe, es zu wecken. War es nicht so?

Ken: So war es.

Lysa: Auf meine Frage, was du unter „angelegt" verstündest, hast du mir großzügig übertragen, selbst zu berichten, was ich auf Grund meiner neurophysio-

logischen Studien über die „Umpolung" – sagtest
du nicht so...?

Ken: Gewiss. Fahre nur fort!

Lysa   .... über die „Umpolung" der menschlichen Motive
von den Durchsetzungs- und Bewahrungs-
bedürfnissen des Lebens auf die „geistigen Motive"
zu sagen vermöchte. Nun. Es war dein Hinweis, der
mich vor Jahren auf diese Fährte brachte. Aber erst
heute sehe ich klar, wie du es meintest. Denn erst
jetzt durchschaue ich, was du unter „Geistigkeit"
verstehst. Lange Zeit habe ich mich bemüht, die
sogenannten „geistigen Funktionen", wie Sprach-
und Denkakte oder Voraussetzungen des Gestaltens
und geistigen Erlebens mit den Leistungen des
Großhirns zu vergleichen. Dabei ist mir insbesondere die Kraft der intellektuellen und gestalteri-
schen Strukturierung durch die dominante Hemisphäre des Großhirns wichtig geworden. Heute
sehe ich das anders. Denn – wenn „Geistigkeit" –
wie du sagst – die Kraft des Menschen ist, die be-

gegnende Welt oder den einzelnen begegnenden Menschen ganz unabhängig von allen Lebensbehauptungsmotiven, so nur aus der liebenden und verstehenden Anteilnahme wahrzunehmen, wenn es – und das sind immer deine Worte – so etwas wie eine „reine Zuwendung" gibt – und die ist uns ja allen erfahrungsmäßig vertraut – so muss gerade den zentralen Organisationen des Gehirns, von denen ich soeben sprach, für die Entfaltung und Weckung des Geistigen eine ganz besondere Bedeutung zukommen. So ist es weniger der Zusammenhang der dominanten Großhirnsphäre mit dem „Selbst", wie das von Eccles umschrieben worden ist, als eine Gefühls-und Weckkraft, die über diese Organisationen getätigt wird, und die die Anlage und Entfaltung des Geistigen im Menschen sichert.

Ken: Fahre nur fort!

Lysa: Die gesamte Zuwendungskraft des Bewusstseins wird über die umschriebenen zentralen Kerne und Bahnungen geführt. Und so scheint mir zunächst beachtenswert, dass das Geistige an die bereits geschilderten drei Wirkweisen dieser Organisationen gebunden ist. Mit den vegetativen Zentren und seinen Regulationen hängt es wohl eng zusammen. Ähnlich wie der Mensch beim Sprechen und Singen die ursprünglich vegetativen Organe braucht, Mund und Rachen, Lunge und Kehlkopf, sie aber zu seinen Zwecken übersteigt und im Sprechen ganz anders betätigt, so könnten auch die Organe der geistigen Motivation auf den sinnlich-vegetativen Zentren, so auf Hören und Sehen und allen Sinnesfunktionen aufbauen und sie zugleich übersteigen. Die dem Stimmungsgrund des Menschen im Ganzen dienenden Organe dienen dann zugleich auch der geistigen Zuwendung. Der Weckprozess des Bewusstseins ruft sie zum geistigen Sinn. Wie aber der Mensch die innere Ablösung von seinen Lebensbehauptungsmotiven im Ganzen, wie er die innere Wendung der Motive, diese „Umpolung" über sein Gehirn leistet, ist mir nur andeutungsweise durchschaubar. Gewiss spielen die zahlreichen, ebenfalls von Eccles aufgewiesenen hemmenden Neuronen, ihre Verbindungsorgane und die sogenannten „hemmenden Synapsen" an den Berührungsstellen der Neurone eine große Rolle in der Abschirmung der Lebensbedürftigkeit und der durch die Lebensbehauptung getragenen Stimmungen. Allein, geistige Betroffenheit und reine Zuwendung bedürfen einer wohl ganz eigenständigen Anlage oder zumindest Funktionsweise von Stammhirnkernen und ihrer Bahnung zu Neuronen in allen Bereichen des Großhirns. Wir wissen, dass solche Anlagen von Stammhirnkernen nur langsam – vor allem in den Monaten nach der Geburt – einander entgegenreifen und es scheint recht geheimnisvoll, auf welche Weise die Neuriten und Dendriten ihre Bahnung zu weit entfernten Neuronen finden.

Ken: Das ist wohl eine Frage, deren Lösung dem reinen Naturwissenschaftler recht schwer fallen wird. Sie betrifft im Grunde alles organische Wachstum. Mir, der ich gewohnt bin, die innere psychische Spannung des Leibes als eigene innere Lebendigkeit dienender Individuen zu verstehen, scheint auch dieses Entgegenkommen schon recht verständlich. Doch siehst du, Lysa, wie gut es war, dass du die Frage nach der Anlage des Geistigen im Menschen zunächst selbst ausgesprochen hast. Denn so vielschichtig hätte ich dir nicht Antwort zu geben vermocht. Und so zeigt sich auch wieder, welchen Dienst die Wissenschaft dem philosophischen Denken zu bieten vermag, wenn nur die philosophische Frage im Zielraum des Forschens gewahrt bleibt.

Und hier würde ich nun sagen, beginnt, was du, Gotha, Erziehung nennst. Die „Umpolung" des Bewusstseins geschieht nicht durch die Aktivität neuronaler Organe, sondern durch den „Anruf" des Begegnenden. Ein neuer Zielraum des Bewusstseins tut sich auf. Und in dem Maße, wie das Kind aus seiner Geborgenheit heraus zu jenem Schritt gelangt, für den Augenblick nichts mehr für sich selbst zu wollen, sondern das Begegnende verwundert und in jenem selbst als seiend zu beachten, betätigt und festigt es für eine kleine Dauer sein geistiges Vermögen. Solches Erwachen sieht man dem Kind an. Ein stilles inneres Aufleuchten gibt davon Kunde. Und glücklich, wenn nun die Mutter diese stille Zuwendung gewahrt, wenn sie selbst sich an dem Durchblick in die Wirklichkeit erfreut und ihr Kind durch ihr eigenes Lächeln oder durch ihren Zuspruch darin bestärkt. Freilich, nicht das Kind ist zu loben für solche Leistung. Das macht es nur hörig und weckt seine Eitelkeit. Die Sache des geistigen Aktes ist mit dem Kind freudig zu feiern. Denn dann befestigt sich im Kind dieses geistige Bedürfnis. Die geistorientierte Anlage im Stammhirn wird bekräftigt, die Bahnung zu den entsprechenden Neuronenfeldern im Großhirn wird verstärkt, die Bereitschaft, sich dem Begegnenden in ähnlicher Weise zuzuwenden, ist geweckt. Darin liegt die schlichte Möglichkeit aller geistigen Bildung.

Gotha: Solch ein gemeinsamer Blick in die Wirklichkeit

der Welt ist wohl eine Gnade, die uns durchs ganze Leben immer wieder zuteil werden kann. Und ich glaube, die Erziehung in den Familien und in den Schulen müsste ganz aus solchem Erleben getragen sein.

Peer: Das wäre eine Schule der reinen Freude, wie sie wohl nur unserer Fantasie entspringen kann.

Ken: Ich glaube, eine solche Schule könnte möglich sein. Notwendig aber wäre wohl, die beruflichen Erzieher und die Erziehung in den Familien in diesem Sinne zu stärken.

Peer: Du meinst, man könnte die Selbstbehauptungs- und Durchsetzungswünsche des Einzelnen durch Erziehung gänzlich überwinden?

Ken: Oh nein, das nicht. Unser Leben selbst ist in vielfältigem Sinne Durchsetzung und Bewahrung. Und in keiner Weise meine ich, man dürfe danach trachten, diese Motive der Lebensdurchsetzung im Menschen zu überwinden. Er stürbe. Und nur eine idealistische, ja illusionäre Pädagogik könnte so Etwas erhoffen. Erziehung muss realistisch sein. Sie muss die Durchsetzungsbedürfnisse in ihrem Umkreis gelten lassen und quer dazu die Geistigen erwecken.

Peer: Und wie soll das gelingen? Die Geschichte der Menschen zeigt nicht viel von solch geistiger Erweckung.

Ken: Das Geistige hat im Menschen wie die Durchsetzung ihre eigenen Antriebskräfte.

Peer: Was wären das für Kräfte, wenn doch alle freudig auf sich selbst bezogenen Motive dazu schweigen sollen?

Ken: Die Heiterkeit.

Lysa: Oh ja! Sprich von der Heiterkeit!

Bodo: Das mag auch ich gern hören. Denn Freude und Frohsinn sind lebendige Schwingen geistigen Gestaltens.

Ken: Freude und Frohsinn sind starke Antriebe des Lebens. Und das Leben stark und lustvoll bestehen ist besser, als sich den Schatten des Daseins zu verschreiben. Auch weckt ein freudvolles Leben oft eine rege Bereitschaft zur geistigen Gestaltung. Dem Liebenden, der sich wieder geliebt weiß, stehen alle Himmel offen. Er mag seine Liebe sagen und singen und an die Wände malen. Allein, was ich hier unter „Heiterkeit" verstehen wollte, ist ganz anderer Natur. Heiterkeit in diesem Sinn ist nicht notwendig an Lebensfreude, Frohsinn und Glück gebunden. Heiterkeit verstummt nicht in der Trauer und im Schmerz. Heiterkeit ist eine Stimmung eigener Art. Sie ist der stille Antrieb zur Geistigkeit des Menschen.

Peer: Wie meinst du das?

Ken: Ich erinnere mich an eine Schifffahrt über den Bodensee. Es ging eine kühle Brise und die Wellen schlugen hoch. Die Sonne spiegelte sich in den Wogen und lag in tausend und aber tausend Lichtern glitzernd auf dem See. Die Menschen saßen in Gruppen auf dem Deck und plauderten. Ich hatte eine Zeitlang einer Gruppe dreier Frauen zugehört. Sie waren in ein persönliches Gespräch vertieft und blickten verdrießlich drein. Es berührte mich der Gedanke, dass sie, in ihr Gespräch versunken nichts von all der Herrlichkeit ringsum vernehmen konnten. Da blickte eine der Frauen auf und gewahrte in der schräg gestellten Scheibe unter der Kapitänskajüte die verkehrte Spiegelung der Lichter im bewegten Wasser. Die Wellen schienen verkehrt in der Luft zu hängen. „Oh schaut! Wie schön!" entfuhr es ihr und alle drei waren einen Augenblick ganz versunken in das seltsame Licht- und Wellenspiel, das sich schräg über ihnen in der Scheibe zeigte. Sie blickten sich um und gewahrten nun den weiten See, als hätten sie ihn noch nicht gesehen. Ihr Gespräch war ganz verstummt. Für Augenblicke waren sie in die Natur versunken und ein stilles, heiteres Leuchten lag in ihrem Blick.

Oder ich erinnere mich an die Höhle Merlins in Tintagel. Wir waren vom Meer gekommen und traten ein. Und immer dunkler ward die Höhle in dem Maße, wie wir vordrangen. Es wurde schwierig, die Steine auf dem Grund zu sehen, die über das rieselnde Wasser hinausragten und uns ermöglichten, trockenen Fußes voranzuschreiten. Oben hing aus der Dunkelheit das Gestein kaum erkennbar, graublau und zerklüftet herab. Es wirkte bedrohlich. Die Anwesenden waren beklommen. Doch dann, als wir der Wendung der Höhle folgten und sie sich mit einem Male lichtete und den Blick wieder auf das gleiche Meer freigab, das wir zuvor schon gesehen hatten, die unendliche Weite des Wassers und die Fülle des Lichts, da glühte die Höhle auf und das zerklüftete Gestein zeigte nun seine roten und silbernen Adern und was eben noch bedrückend war, glänzte auf in vielfältiger, herrlicher Pracht. Die Besucher waren erlöst und betrachteten in dankbarer Heiterkeit die unfassbare Gewalt und Schönheit der Natur.

So, meine ich, bedarf der Mensch zuweilen eines Durchblicks, um sich der Welt, die er stets vor Augen hat, ganz neu zu öffnen. Das mag der Charme der Fremde sein, wo die Natur der Landschaft und die Ferne von allem Vertrauten und persönlich Bezogenen den geistigen Durchblick begünstigt. Aber im Grunde bedarf der Mensch dieser Hilfen nicht. Und in jedem Augenblick, wo immer er steht, vermag er die begegnende Welt zu gewahren, als hätte er sie noch nie gesehen. Nur ein kleiner, innerer Schritt auf die Wirklichkeit zu, auf einen Menschen hin, in eine Landschaft hinein, ein neuer Blick auf ein Tier, eine Blume, einen Stein, auf ihre Innerlichkeit hin – und die Welt öffnet sich in ihrer unauslotbaren Tiefe und unendlichen Dichtigkeit als ein nie gewahrter Garten, in dem umherzugehen und Neues zu entdecken nicht endet.

Und in solcher Begegnung keimt ein seltsames Bewusstsein um die Tiefe der Wirklichkeit, ein Wissen, dass dieses alles in sich wirksam sei, aus sich selbst heraus tätig sei, und dass es mir in der Tiefe vertraut ist. Das ist das Erlebnis ursprünglicher „seelischer Verwandtschaft". Es weckt im Menschen eine Stimmung dankbarer Gegenwärtigkeit, ein offenes Ruhen im inneren Hinhören und Anteilnehmen, eine innerlich lichte und beschauliche Hingabe an das Begegnende. Es ist die Stimmungsfarbe verstehender Liebe und des reinen Bewusstseins urtümlicher Einheit. Das ist die „Heiterkeit", die ich meine.

Lysa: Oh, ich verstehe. Du meinst die Heiterkeit als eine Stimmung, die nichts mit den Gefühlen der Lebensfreude, der Lust, des Glücklichseins gemeinsam hat. Die ganz aus geistigem Betroffensein entspringt. Doch wäre es dann nicht so, dass Heiterkeit die Folge des geistigen Aktes wäre und nicht der Antrieb geistiger Motive?

Ken: Ganz recht. Die Heiterkeit als Stimmung stellt sich ein, sobald sich der Mensch dem geistigen Erleben öffnet. Heiterkeit erfüllt uns in der Folge geistigen Erlebens. Drum scheint mir auch die Bekräftigung des geistigen Erlebens in früher Kindheit von Bedeutung. Doch solche Heiterkeit wird, wenn sie sich wiederholt, wenn sie uns oft und immer wieder neu erfüllt, eine Grundgestimmtheit unserer Seele. Dann mag ihr in jenen zentralen Kernen des Stammhirns, von denen du gesprochen hast, eine Struktur erwachsen, die eine eigene Bewusstseinshaltung darstellt. Und aus dem gefestigten Bedürfnis solch innerer Heiterkeit wächst wieder das Vermögen und das Bedürfnis reiner Zuwendung. Und dieses, Peer, ist die Antriebskraft der Heiterkeit zum Geistigen, von der ich sprach.

Gotha: Hat Platon im Dialoge „Lysis", den du genannt, ein Ähnliches vertreten? Du sagst, er hätte dort so etwas wie die „seelische Verwandtschaft" der Freunde aufgezeigt.

Ken: Ich denke, dem Sinn nach meinte Platon etwas Ähnliches. Er wollte sagen ... Ach!? Das Telefon ..., so spät in der Nacht? Wer mag das sein? Willst du mich noch einmal vertreten, Gotha?

Gotha trat durch die offene Fenstertüre ins Nebenzimmer und nahm den Hörer ab. Lysa hatte sich herumgeworfen und blickte angespannt zu ihr hinüber. Alle warteten betroffen und gewahrten, wie Gotha nach wenigen Worten erbleichte. „Oh Gott!", hauchte sie. „Ist etwas mit Till?" fragte Lysa hastig. „Oh, Lysa!", stammelte Gotha. „Was ist? Was ist?", schrie Lysa. Sie war aufgesprungen. Auf ihrem Gesicht lag ein kindlicher Ausdruck des Entsetzens und der Ohnmacht. Gotha brachte kein Wort hervor. „Was ist?", wiederholte Lysa tonlos und mit versagender Stimme. „Er ist tot", wollte Gotha sagen, aber auch ihr versagte die Stimme. Lysa schien verstanden zu haben. Wie zum Schutz warf sie die Hände vor, wie um das Schreckliche, das sie nun plötzlich auf sich zukommen sah, abzuwenden. Einen Augenblick stand sie so. Unbewusst führte sie eine Hand nach dem Kind, das sie trug. Dann brach sie zusammen und drückte das Gesicht auf den Teppich. Niemand im Kreis wagte, sich zu rühren. Ein Gefühl der Ohnmacht machte sich breit. So verharrte Lysa tränenlos eine Zeitlang in ihrer Stellung und nur das Zucken ihres Körpers verriet ihre Verzweiflung. Dann brach sie in hemmungsloses Weinen aus. Die Anwesenden versuchten vergeblich, ihr nahe zu sein. Sie blickten

abwechselnd – wie um sich zu vergewissern – zu Gotha hin.
Die nickte nur. Und dann sagte sie leise, wie zu sich selbst:
„Er ist tot."

Nachschrift

Till hatte die letzte Besucherin abgesagt. Es war ihr selbst sehr recht, nicht mehr zu kommen, und sie vereinbarten zusammen ein neues Datum. Till freute sich, etwas früher zum Gespräch zu kommen, als er hatte voraussehen können. Zunächst erwog er, noch einmal anzurufen. Dann entschloss er sich, die Runde durch seine frühe Ankunft zu überraschen. Lysa würde sich freuen, dachte er, auch wenn das lange Warten ihren Blick vielleicht schon verschattet hatte. „Du kommst spät!", würde sie sagen. Und er sah ihre Traurigkeit und den abweisenden Zug um den Mund. Er besprach das Band seines Fernrufers und gab für Notfälle über das Wochenende Kens Nummer an. Er holte die Kirschen, die Lysa ihm so liebevoll bereit gemacht hatte. „Du siehst heute müde aus", hatte sie gesagt. „Du solltest absagen und früher kommen!" Aber sie hatte wohl selber nicht daran geglaubt, dass dies möglich sei.

Still wie ein weißer Vogel glitt nun der automatische Wagen hinaus in den Abend. Rheinaufwärts.

Die Autobahn war jetzt wenig befahren. Der Himmel war

klar. *Die Landschaft zeigte sich durch die geöffneten Fenster in ihrem reichen Sommerkleid. Er war eine Stunde gefahren. Die Fahrbahn schmiegte sich enger dem Strom an. In abermals einer Stunde konnte er oben sein. Eine kurze Mattigkeit befiel ihn und er spürte, wie ihm der Wagen für Augenblicke entglitt. Er lenkte sogleich wieder ein. „Du musst ausfahren!", sprach er innerlich zu sich und senkte die Geschwindigkeit auf hundert Stundenkilometer hinab. Er dachte an die Kirschen, die er unten am Rheinufer essen wollte und lächelte im Gedanken an Lysa. Hatte sie ihm wirklich die Müdigkeit ansehen können, die er jetzt verspürte? Sie hatte hierfür einen guten Blick. Als Psychiater wusste er das zu schätzen. Er blickte weit hinaus, ob sich bald ein Ausfahrtsignal zeige. Er wollte sorgfältig fahren. Die Bahn zog nun erhöht aber nahe am Rheinufer dahin. Im Rückspiegel beobachtete er in der Ferne einen Wagen, der ihm in großer Geschwindigkeit folgte. Wieder diese Benommenheit! Was sich nun abspielte, war Sache von wenigen Augenblicken. Er fühlte den Wagen – da er aus seiner Benommenheit aufwachte – weich nach rechts absinken. Die Reifen schrien auf im Gras. Der Geschwindigkeitsmesser zeigte auf hundert. Fast gleichzeitig ein lautes metallenes Kreischen der Karos-*

serie. Der Wagen durchschlug den leichten Wildschutzzaun. Er schütterte. Till war hellwach und hielt das Lenkrad fest in der Hand. Der Fuß suchte von sich aus die Bremse. Er fand sie nicht.

Einen Augenblick sah Till vor sich den Rhein. Das Wasser stand hoch und streifte am Ufer die herabhängenden Zweige. Still, in unendlichem Gleichmut zogen die Wellen dahin, und die Lichter der untergehenden Sonne verblassten in den leicht getrübten Wogen. Schon raste der Wagen die Böschung hinab. Er prallte gegen einen Steinpfosten und überschlug sich. Till fühlte den stechenden Schmerz in der Seite. „Die Fenster!", dachte er und die rechte Hand versuchte vergeblich die automatische Fensterbedienung. Er fühlte den Aufschlag der Karosserie. Das Wasser schlug hart und kalt in den Innenraum. „Ich sterbe!", hörte er sich sagen und seine Stimme klang ganz fremd. Alles bäumte sich in ihm auf. „Du siehst heute müde aus", vernahm er wie von fern Lysas Worte. Er sah das Schälchen mit den dunkelroten Kirschen. Das Wasser füllte rasch den Innenraum. Till rang nach Luft. Eine seltsame Leichtigkeit durchwehte ihn mit einem Mal. Fast wie aus neuem, heiteren Bewusstsein gewahrte er den Raum um sich her. Er wusste den Rhein in stummem Gleichmut über sich fließen. Er sah sich selbst, seinen Körper, in blaugrünem Farbenspiel geschmeidig durch die Fluten aufwärts streben. Bilder aus seinem Leben brachen durch. Er sah Lysa in der Tür stehen, im neuen Kleid. Gern hätte er noch gesagt, wie schön sie sei. Die Farben schienen ihm wie durchsichtig und wechselnd wie in polarisiertem Licht. Dann erlosch sein Bewusstsein im Druck innerer Gewissheit.

Der nachfolgende Wagenlenker hatte den Ausfall des verunglückten Wagens aus der Entfernung mehr empfunden als gesehen. Im Vorüberfahren konnte er die Stelle nicht feststellen, wo der Wagen oberhalb der Böschung den Wildschutzzaun durchschlagen hatte und das steile Ufer hinunter in die Fluten versunken war. Er benachrichtigte den nächsten Polizeiposten. Ein Schutzmann nahm die Stelle in Augenschein. Da es Samstagabend war, war es schwierig die Bergungsarbeiten zu bestellen und zu besorgen. Es war schon spät, als der Tote ins nächste Krankenhaus verbracht wurde. Einer der Ärzte vermochte den Psychiater zu erkennen und erhielt über das sprechende Band in dessen Zürcher Fernrufer den Hinweis auf Ken.

3. Kapitel

Zwei Monate später. Wieder in Kens Bündner Ferienhaus

Lysa: Ich danke nochmals für alle Freundlichkeit, die ihr mir in jenen Tagen während und nach Tills Trauerfeier entgegengebracht und für alle liebevolle Unterstützung, die ihr mir zuteil werden ließet. Besonders dir, Gotha, du hast mich so liebevoll in dein Heim aufgenommen. Ich hätte nicht mehr zu Hause wohnen können. Alles erinnerte an Till. Aber auch hier erinnert mich alles an ihn. An den letzten Abend. Ach, ich hatte so gehofft, dass er noch käme. Dann kam alles so anders. Das ist nun schon so lange her ... und mir ist, als wäre es gestern gewesen. Und ihr habt mir seither so viel Liebes erwiesen.

Bodo: Wir haben heute eine Überraschung für dich. Helmut wird kommen mit seiner Freundin. In einer Stunde wollen sie da sein. Hella kommt mit dem Zug.

Lysa: Ach!? Helmut? ... und Hella?... Davon wusste ich freilich nichts.

Bodo: Kommt es dir ungelegen? Du scheinst betroffen. Ich glaubte, es würde dir eine Freude sein. Ihr seid doch befreundet. Helmut war auch Till sehr verbunden. Ich kannte ihn aus meinen Malkursen. Das ist nun aber Jahre her. Als wir uns unlängst zufällig wieder trafen, erzählte ich von unsern Gesprächen. Er bat so herzlich, einmal daran teilnehmen zu dürfen. Da habe ich Ken gebeten, ihn einzuladen. Ist es dir nun nicht recht, wenn er kommt?

Lysa: Ach Bodo ... was soll ich sagen? Wusste er denn, dass ich auch hier bin?

Bodo: Aber ja. Ich wollte ihm von dir erzählen. Aber er wusste schon alles. Er hält sehr viel von dir.

Lysa: Ich weiß nicht, ob ich das kann! Es kommt alles so schnell.

Gotha: Aber Lysa! Lass doch alles einfach auf dich zukommen. Der Augenblick wird zeigen, was für dich
richtig ist. Lass uns doch einfach im Gespräch fortfahren, das du ja selbst das letzte Mal angeregt hattest.

Lysa: Zuletzt sprachen wir über die Heiterkeit. Das kann
ich heute nicht. Und ich möchte nicht, dass euer
Gespräch durch mich verändert oder abgebrochen
werde. Ich spüre es, ich kann hier die Tränen nicht
zurückhalten. Es weint aus mir. Ich belaste euch
nur mit meiner Traurigkeit. Und Helmut jetzt schon
wieder zu begegnen ... fällt mir schwer. Und darum
bitte ich, mich wieder zu entlassen. Ich will dich
bei dir zu Hause erwarten, Gotha.

Ken: Dich fern und allein zu wissen, wird uns mehr belasten als deine Tränen.

Alle im Kreis stimmten zu.

Peer: Die Traurigkeit ist menschlich auch bedeutsam.

Und wie sagte doch Ken das letzte Mal: Die Heiterkeit erlischt nicht in der Traurigkeit.

Lysa: Oh, ich erfahre sie nun. Aber ich kann über diese Erlebnisse nicht sprechen.

Gotha: Im Zuhören liegt auch Trost und neue Kraft. Mir scheint, das Zuhören kann dir helfen. Und ist es dir nicht möglich, hier zu bleiben, so will ich dich selbst zu mir nach Hause führen.

Lysa: Nun gut. Weil ihr so in mich dringt, so will ich es versuchen und bleiben. Doch bitte ich, im Thema fortzufahren. Ich werde von der Seite hören, was ihr sagt – und schweigen. Und Helmut – nun, ich will's versuchen. Doch fällt mir die Begegnung schwer ... nun bitte, fangt nur an.

Peer: Wir waren das letzte Mal ausgegangen von der Frage nach Auftrag und wesentlicher Zukunftsmöglichkeit des Menschen. Du selbst, Lysa, hattest den Vorschlag gemacht. In der Folge hat uns Ken auf das Vorgelände seines Philosophierens hingewiesen. Die Frage nach dem Sinn der Motive und ihrer zeitlichen Tiefenschichtung führte zur Betrachtung der Grundmotive des Menschen. Und so auch zu Gedanken über die Seele und die Leiblichkeit des Menschen und die „Lebendigkeit" der Natur im Ganzen. Hierzu hat Bodo sein Märchen erzählt. Das Wirken des Geistigen im Menschen zu bedenken, führte uns Ken sachte auf sein intuitives, philosophisches Welt- und Menschenbild zu und bekundete zugleich auch seine Auffassung von der „Heiterkeit" in ihrer tieferen Bedeutung. Heiterkeit als Stimmungsfarbe des Geistigen. So weit waren wir im Gespräch gekommen. Und da hattest du, Ken, das Wort gesagt, dass ich heute schon angedeutet habe: Die Heiterkeit verstummt nicht in der Traurigkeit. Willst du hier fortfahren?

Ken: Ja. Doch sagtest du vorhin selbst, Peer, die Traurigkeit scheine dir menschlich auch bedeutsam. Willst du dies nicht vorerst etwas genauer umschreiben?

Peer: Das will ich gern. Denn mir scheint, die Traurigkeit im Leben des Menschen weit ausgespannt. Sie ist – wenn ihr so sagen wollt – und darin scheint sie mir im Gegensatz zur Heiterkeit zu stehen – die Stimmungsfarbe des seelischen Leidens. Du bist damit nicht einverstanden Ken?

Ken: Die Traurigkeit als die Stimmungsfarbe des seelischen Leidens zu umschreiben, scheint mir in vielen Fällen annehmbar. Doch würde ich sie nicht gern im Gegensatz zur Heiterkeit verstehen. Du hast ja selbst meine Worte wiederholt, Heiterkeit sei mit Traurigkeit vereinbar. Sie stehen sich nicht in polarer Weise gegenüber wie Freud und Leid, Glück und Unglück. Doch davon später. Willst du nicht fortfahren in dem, was du die menschliche Bedeutung der Traurigkeit nanntest?

Peer: Gern. Doch möchte ich noch eine Unterscheidung treffen. Das einfache Gefühl der Trauer mag mit einem Liebes- oder Wertverlust zusammenhängen. So etwa, wenn ein Kind seine geliebte Puppe verliert und dann traurig ist. So auch wenn der Mensch in seiner Selbstwertung glaubt, versagt zu haben, wenn man sich vor sich selbst oder in den Augen anderer schwach oder minderwertig sieht, auch wenn man von einem nahen Menschen enttäuscht oder gekränkt worden ist – in solchen Fällen stellt sich leicht die Trauer ein. Besonders traurig ist der Mensch, wo immer er die Liebe persönlich naher Menschen entbehren muss. Lieben ohne geliebt zu werden führt zu Liebeskummer und Liebesleid. Und da versagt wohl oft jene schöne Idee einer reinen Liebe, von der wir das letzte Mal gesprochen haben. Wie sagten wir doch ..., es sei geistig wertvoller zu lieben, als sich zu wünschen, selber geliebt zu werden. Aber da ist auch die Trauer um den Tod eines geliebten Menschen, und wir teilen nun diese Trauer, Lysa, mit dir. Und wir wissen, dass du Till immer noch sehr nahe bist und im Stillen mit ihm umgehst. Wir können dir solche Trauer nicht abnehmen. Aber wir können mitfühlen, wie du betroffen bist. Ich will dir hier nicht zu nahe treten und bitte dich, gleich abzuwinken, wenn wir dich mit solchen Gedanken belasten.

Lysa: Ich will's, wie gesagt, versuchen, euch zuzuhören. Ich danke für eure liebe Teilnahme. Und vielleicht hilft ein gutes Wort mir auf.

Peer: Ich möchte zwischen flüchtigen, wenn auch tief betroffenen Gefühlen der Trauer einerseits und andrerseits der „Traurigkeit" selbst, als lange währende, oft alles übertönende Stimmung des Menschen unterscheiden. Wir haben schon das letzte Mal einen solchen Unterschied zwischen Gefühl und Stimmung herausgehört. Das Gefühl der Trauer kann mit der Zeit auch wieder verklingen, so heftig es den Menschen ergreifen mag. Nicht so die Stimmung der Traurigkeit. Sie begleitet uns manchmal als eine stumme Saite auf dem Psalter unseres Lebens. Und oft klingt sie wieder ein und färbt dann die flüchtigen Gefühle unseres Alltags mit ihrer abgründigen Weise. Und so ist wohl auch die dunkle Stimmung der Wehmut, der Schwermut, ja, so sind vielleicht auch die Krankheitsformen der

Depression vom Stimmungsfeld her zu verstehen. Vielleicht ist der Tod die tiefste Wurzel aller Traurigkeit. Das stille Wissen um die Gegenwärtigkeit des steten Sterbens in uns selbst, das bis auf wenige Augenblicke verdrängte Bewusstsein vom unabweisbaren Sterbenmüssen und die Erfahrung des Todes anderer Menschen und lieber Angehöriger begleitet uns. Hier aber sind alle Menschen schon vom Anbeginn ihres Lebens mitbetroffen. Weil unser Leben stets am Saume des Todes entlang läuft. Wir fürchten den eigenen Tod als den Verlust all dessen, das uns lieb ist.

Und so liegt etwas Unwiederbringliches im Tod. Und darin mag die Traurigkeit ihre tiefsten Wurzeln haben im Leben jedes Menschen. Die Trauer des Einzelnen um privaten Verlust verbindet sich aber leicht mit dieser allgemeinen Traurigkeit um das Los des Menschen. Und darin, glaube ich, liegt auch die menschliche Bedeutung der Traurigkeit. Denn in solcher Verbindung ist sie auch wieder Aufruf zu großartigem Tun und Gestalten des Menschen. Und wir sehen, wie gerade in der Kunst, in der Dichtung, in Religion und Philosophie, ja, auch ganz besonders im sozialen Einstehen für den armen und belasteten Menschen die Traurigkeit und das Mitleid den Menschen zu kühnen Darstellungen des menschlichen Leidens, ja auch zur Überwindung seiner Lage ermutigt. Ja, wie die Traurigkeit hierin auch selbst überhöht und überwunden scheint.

Lysa: Peer, du sagst das sehr schön. Aber hier muss ich doch widersprechen. Denn meine Traurigkeit ist ganz anderer Art. Sie erhebt mich nicht zu neuem Tun. Sie schlägt mich nieder. Sie drückt mich in die Schatten meines Lebens.

Gotha: Du bist zu streng mit dir, Lysa. Diese Worte sind Ausdruck deiner jetzigen Niedergeschlagenheit. Ja, lass deinen Tränen freien Lauf. Doch hör uns eine Zeitlang einfach zu. Wie sagte doch Peer so schön: Die innere Verbindung der eigenen Traurigkeit mit einer allgemeinen Traurigkeit, die in Grundweisen des menschlichen Lebens und Sterbens liegt, hat wiederum etwas Erhebendes an sich. Wollen wir das nicht weiter ausführen und bedenken?

Peer: Ihr schaut mich alle an. Soll ich fortfahren, Lysa? Gut. So will ich mich konkreter fassen.

Da ist zum Beispiel das Wirken Dostojewskis. Wodurch vermochte er so viele Menschen so innig zu berühren? Nun, durch seine tiefe Traurigkeit um das Schicksal des Menschen. Da sind seine eigenen Erfahrungen mit seinem ausschweifenden, lieblosen Vater und dessen schreckliche Ermordung durch dessen eigene Leibeigenen, das frühe Erlebnis des eigenen Todesurteils und das nahe schwelende Verhängnis seiner Vollstreckung, die furchtbaren Jahre in der sibirischen Strafkolonie, aber auch das Erlebnis der eigenen, belastenden Schwächen, die Schmach einer unüberwindlichen Spielsucht, die dauernde Schuldenlast, die unaustragbare Liebessehnsucht, die Sehnsucht nach Beheimatung und echten Glauben und sein unausrottbarer Skeptizismus – all diese eigene Traurigkeit mischte sich wohl mit der leidvollen Erfahrung des russischen

Menschen, der Armut der Bauern, der „Erniedrigten und Beleidigten", der Leibeigenen, der Sträflinge. So zeichnete er die kleinen Leute und ihre Schwächen, die ausgenützten Frauen und die Dirnen. Nur aus den traurigen Erfahrungen mit den Gefährtinnen seines Lebens vermochte er wohl so ergreifende und zugleich schwache und zerbrechliche Gestalten zu zeichnen, wie Aglaja und Nastasia Filipowna im „Idioten", oder wie Katja und Gruschenka in den „Brüdern Karamasow". Nur aus solch tiefer, trauriger Sehnsucht heraus ergab sich ihm wohl die Gestalt der missbrauchten und doch in reinster Hingabe liebenden Dirne Sonja in „Schuld und Strafe". Und die Schilderung all der „so breit" angelegten Menschen, wie er sie nannte, des Mörders Raskolnikow und des Wüstlings Dimitri Karamasow. All die geschwätzigen, großmauligen Leute in ihrer Lächerlichkeit und seelischen Armut, die Dostojewski schildert, haben ihre Wurzeln in eben dieser Traurigkeit um den Menschen und zeigen in seinen humorvollen Worten doch zugleich auch wieder Großmut und Herzenswärme, ja, mitunter die höchsten und edelsten Gefühle.

Gotha: Das ist schön, wie du dich im Leben und Wirken Dostojewskis auskennst. Auch ich habe mich eingehend mit ihm befasst. Und da muss ich sagen, ich habe nie ganz verwinden können und es hat mich eigentlich verstimmt, dass er die Frauen so oft nur als Schattenfiguren darstellt. Dass ein so prächtig geschildertes Mädchen wie Aglaja im „Idioten" zuletzt, bei ihrer Begegnung mit Nastasia so gar keine innere Größe zeigt. Es ist ja schön, den auflodernden Zorn des in der Liebe gekränkten Mädchens zu erfahren, aber es verstimmt, dass solcher Zorn zu sozialem Hochmut, Ungerechtigkeit und Eitelkeit verführt. So auch Katja und Gruschenka in der „Brüdern Karamasow". Da ist Sonja in „Schuld und Strafe" eher eine Ausnahme.

Peer: Vielleicht ist gerade das seine Kraft, dass er seine Figuren so ganz aus dem realen Leben greift und ihnen ein Allzumenschliches noch anhaften lässt. Ja, dass er gerade den schwachen Menschen so liebevoll und mit so viel Anteilnahme begleitet. Das ist ja vielleicht seine letzte – aus innerer Traurigkeit und Mitleid herausgeborene Sorge, dass das Christentum den Menschen im Hinblick auf seine Tugendkraft überfordert.

Gotha: Woher aber soll dann die menschliche Überwindung seiner Schwächen kommen und die innere Tragkraft, die realen Leiden und Schwächen hinzunehmen?

Peer: Nicht aus der geforderten Tugend, denke ich. Mehr noch aus der aufglimmenden Liebe, deren der Mensch noch in aller Niedrigkeit und äußeren Lächerlichkeit fähig ist.

Gotha: Willst du das auch so annehmen, Ken?

Ken: Ja. Ich meine, die äußere Tugend gehört nicht zur Geistigkeit des Menschen. Nicht zur Erziehung. Einzig die Liebe.

Gotha: Sagte doch Peer nicht wiederum, dass die Liebe geradezu der Grund vielfacher Traurigkeit werden kann?

Ken: Gewiss. Und auch hier stimme ich bei. Aber es gibt eine Liebe, die alle Traurigkeit übersteigt.

Lysa: Oh, ich kann nicht schweigen! Ich glaube, dich zu verstehen, Ken. Die Liebe, von der du sprichst, ist jene wesentlich menschliche Grundhaltung der reinen Hingabe, von der wir das letzte Mal gesprochen haben. Und ich kann einsehen, dass eine solche Haltung über schwere Enttäuschungen und persönliches Leid hinweghelfen können. Dass ein Mensch aus solcher Haltung, was immer ihm begegnen mag, schön und friedvoll werden kann. Das ist wohl jene innere Größe des Menschen, die Gotha letztlich bei Dostojewskis Aglaja vermisst. Solch schöne innere Regungen stellen sich bei mir auch gelegentlich ein. Aber sie vermöchten nichts gegen den Abgrund in mir, aus dem ich mich so niedergeschlagen fühle. Oh, meine Traurigkeit wurzelt nicht allein in dem Gefühl der Einsamkeit, dass Till nicht mehr ist. Das ist traurig. Meine Traurigkeit aber wurzelt in der Erfahrung ... meiner Schuld.

Gotha   Aber Lysa! Fühlst du dich schuldig? Wofür denn? Für Tills Tod?

Lysa: Ja, so ist es.

Gotha: Lysa, wie kannst du so denken? Es war ein Unfall, ein schrecklicher Unfall!

Lysa: Ja, das habe ich mir auch schon hundert Mal gesagt. Und die andern alle sagen es auch. Aber mein Gefühl ist anders. Ach, all die Bilder, die mich bedrängen! Sie stehen wie ein böses Gewissen um mich herum. Ich wusste nicht, dass es so etwas gibt. Ich fühle mich schuldig. Ich komme davon nicht mehr los.

Gotha: Aber wie kannst du dich schuldig fühlen für etwas,

das gar nicht von dir abhängen kann?

Lysa: Oh, er schaut mich an. Immer dieser traurige Blick durch die Scheibe! Durch das Wasser! Und er sagt nichts. Das ist das Schlimmste. Es ist kein Gespräch mehr. Ich möchte mich ihm erklären. Möchte ihm sagen, dass alles ganz anders war. Aber er hört nicht. Immer nur dieser traurige Blick durch die Scheibe! Und manchmal ist's, als wollte er sprechen. Ich sehe es. Aber ich verstehe nicht. Die Wagentüre, das Wasser trennen uns. Und dann die Träume. Diese schrecklichen Träume! Wir laufen den Steg lang. Hoch über dem Wasser, quer über den Strom, der tief unten hinfließt. Es ist schon schwer, die losen Brückenschwellen mit den bloßen Füßen zu greifen und nicht dazwischen zu treten. Und tief unter uns geht der Fluss. Und etwas, jemand, verfolgt uns. Wie ein Schatten. Und dann, mitten über dem Fluss hört der Steg auf. Der Fluss steht nun schräg zu uns. Nur einzelne schilfartige Palmkronen reichen noch zu uns herauf. Ich greife durch die nächste hindurch und klammere mich an einen Stamm, und die Palme beugt sich unter meiner Last weit hinüber, langsam, stumm, und ich erreiche, dankbar gerettet, gerade noch das Ufer. Und ich blicke zurück und jetzt, da ich vom Traum erzähle, sehe ich Till oben auf dem abgebrochenen Brückensteg und er blickt zurück und strauchelt. Ich möchte ihm winken, er solle kommen. Er zögert. Ich wünsche in letzter Verzweiflung, er möge kommen und ich sehe, wie er sich überwindet und eine Palme ergreift und mit ihr niedergeht und er versinkt mit ihr in der Flut. Und das Wasser deckt alles zu. Immer dieses Wasser! Was hältst du von Träumen und Wachträumen, Ken? Was sind das für Symbole, die sich hier zeigen?

Ken: Träume und Wachträume scheinen mir bedeutsam. Sie zeigen unverstellt den eigenen Lebensgrund. Doch die zu deutenden Symbole sind mir weniger wichtig. Bedeutender scheint mir der persönliche Stimmungsgrund, der sich im Traum ankündigt und der Grund und leitender Ansporn ist, an dem entlang sich die Bilder des Traumes scheinbar zufällig und dauernd wechselnd, im Grunde doch stimmungsgetragen, ja, aus innerer Stimmung genährt, sinnvoll entfalten. Und diese Stimmung aus den nachklingenden Traumbildern in der Rückschau wieder zu gewinnen und sich ihrer bewusst zu werden, scheint mir ein guter Weg, den inneren Sinn der eigenen Träume zu verstehen.

Lysa: Die Stimmung dieses Traumes ist gar nicht leicht zu schildern. Da ist das erlösende Bewusstsein, selbst gerettet zu sein und zugleich das Gefühl, nicht helfen zu können. Etwas Fremdartiges und Bedrückendes liegt auf dem ganzen. Ich fühle, dass ich im Traum traurig war. Dass ich versäumt hatte zu handeln. Und dass es zu spät war. Dass nun alles unwiederbringlich ist.

Ja, es ist die gleiche Stimmung, der ich auch im Wachen dauernd erliege.

Gotha: Aber was hattest du denn versäumt? Du darfst dich nicht so gehen lassen! Du musst auch vorwärts denken. Du musst auch an euer gemeinsames Kind denken! Du darfst es nicht in deiner Schwermut ertränken.

Lysa: Es ist nicht sein Kind.

Gotha: Aber Lysa, was sagst du!?

Lysa: Es ist nicht Tills Kind.

Bodo: Nicht Tills Kind? Lysa! Davon hast du das letzte Mal nichts gesagt.

Lysa: Ich habe das letzte Mal hiervon nicht gesprochen. Wie sollte ich auch? Ich wusste ja nicht einmal, wie Till dazu stünde. Es ist Helmuts Kind.

Eine allgemeine Bestürzung umfing die Anwesenden. Bodo trat auf Lysa zu und fragte, ob sie unter diesen Umstände das Zusammentreffen mit Helmut aufrechterhalten wolle.

Lysa: Da es sein Wunsch war zu kommen, so soll es auch geschehen. Ich weiß allerdings noch nicht, was aus dieser Begegnung werden soll. Er mag kommen. Aber ihr sollt alles erfahren, wenn ihr mögt. Wir waren etwa fünf Jahre verheiratet, Till und ich. Kinder hatten wir nicht. Obwohl wir uns welche wünschten. Es kam eine Zeit, da wir uns nicht mehr verstanden. Ich war enttäuscht über Tills lange Arbeitszeiten und auch darüber, dass er mich nicht so wahrnahm, wie ich war und wie ich sein wollte. Und er war enttäuscht und vielleicht auch etwas eifersüchtig auf meine freundschaftliche Beziehung zu meinem alten Schulkameraden Helmut. Wir hatten lange Gespräche. Aber sie halfen uns nicht. Ich nahm es ihm übel, dass er mich nicht ganz freigab und er wurde immer stiller und zurückgezogener, je mehr ich darauf beharrte. Er vergrub sich geradezu in seine Arbeit. Und das wieder reizte mich. Zuletzt ging es nicht mehr. Wir trennten uns. Ich zog in die Stadt und nahm mir ein eigenes Zimmer. Das war die Zeit, da ich Helmut näher kam. Ich zog zu ihm und wir lebten eine Zeitlang zusammen. Es war schön. Wir liebten uns. Aber ich kam auch nicht ganz los von Till. Ich entdeckte in mir eine tiefe

Neigung zu Till, die ich so vorher nicht kannte. Es war nicht etwa vertraute Gewohnheit, auch nicht Mitleid. Es war ein unabwendbares Bedürfnis, ihm innerlich nahe zu sein. Ich ging mit ihm um. Ich sprach mit ihm. Er war mir im Bilde lebendig gegenwärtig. Auch wenn ich bei Helmut war. Die äußere Trennung hinderte das nicht. Ich glaube sogar, sie lieh den Bildern die wachsende Leuchtkraft und Farbigkeit. Helmut gab sich indessen viel Mühe um mich und drang schließlich in mich, meine Beziehung zu Till aufzugeben. Bald war ich so weit. Ich glaubte, ein neues Leben beginnen zu müssen. Wir lebten einige Monate in zunehmendem Einvernehmen. Ich wollte mein künftiges Leben mit Helmut teilen. Ich dachte wirklich an Scheidung.

Dann kam Tills Brief. Er warf mich völlig um. Till schrieb mir in seiner stillen Weise, wie nahe er mir innerlich durch die ganze Zeit geblieben sei, wie schwer es ihm falle, mich zu entbehren, ja, er gestand mir auf eine ganz neue Art seine tiefe Liebe. Und er bat mich, ihn wieder zu besuchen. Für mich waren die folgenden Wochen schwer. Ich fühlte mich hin- und hergerissen. Schließlich ertrug ich die Spannung nicht mehr. Ich suchte ihn auf. Und dann geschah das Unerwartete: Ich war sogleich wieder durch Till berührt und ich wusste, dass ich zu ihm gehörte. Ich gestand ihm, dass ich schwanger sei. Er überraschte mich durch seine offene Stellungnahme. Er war ein ganz anderer Mensch. Er fragte mich scheu, ob ich mit Helmut leben wolle. Doch dann spürte er unmittelbar meine tiefe, neu erwachte Liebe zu ihm, nahm mich in die Arme und sprach jene Worte ... ach, es war vielleicht der schönste Augenblick meines Lebens: „Wollen wir das Kind gemeinsam haben? Willst du das, kannst du das? Und Helmut? – wirst du mit ihm sprechen?" So sprach er. Und ich fragte wieder: „Und du? Traust du dir das zu?" Er nickte nur und sah mich an mit einem Blick so voller Liebe. Ich meinte immer als Kind, so mag Josef zu Maria gestanden haben, als sie ihm ihre Schwangerschaft bekannte. Ich war so glücklich.

Ich sprach alsbald mit Helmut. Nun war *er* traurig. Es war mein Los, durch meine Liebe denen weh zu tun, denen sie galt. Ich zog wieder zu Till. Und nun waren es wieder gute Tage mit ihm. Er befreundete sich mit Helmut. Wir gingen gelegentlich gemeinsam aus. Aber es hielt nicht lange. Ich glaube, ich habe Till überfordert. Er freute sich zwar auf das Kind. Und wenn wir darüber sprachen, wie wir es in unserer kleinen Familie empfangen, tragen und hegen wollten, war ich immer ganz glücklich. Und doch lag ein Schatten darüber, der nie ausgesprochen ward. Die alte Verstimmung kroch wieder heran wie ein böses Tier. Oh, ich hätte damals zu ihm stehen müssen! Ich hätte ihn stützen und trösten müssen wie ein Kind. Ich hätte ihm aus seinem erschütterten Selbstvertrauen und aus seinem eingebildeten Argwohn auf meine Beziehung zu Helmut zurückführen müssen zu unserer gemeinsamen Liebe. Ich hätte ihm sagen müssen, wie er immer bei mir war. Ich vermochte es nicht. Ich war selbst innerlich verletzt. Und nun folgte jene erneute innere stumme Entzweiung, während derer ein jeder auf den andern hoffte. Wir sahen uns immer weniger. Ich ging meine Wege und er vergrub sich in seine Arbeit.

Als ich ihn damals verließ, um hierher zu kommen, habe ich so gehofft, er möge kommen. Er kam nicht. Ja, ich habe ihn wohl überfordert. Nun ist es zu spät. Nun sind diese Bilder da. Dieser immer gleiche, hilflose, traurige Blick, wie damals, als wir uns trennten. Und er spricht nicht mehr. Und das Kind liegt nun wie ein stummer Vorwurf zwischen uns.

Gotha: Lysa, jetzt versteh ich dich und deine Schuldgefühle. Aber wenn du von Schuld sprichst, so mag sie eher in der zu raschen und unbedachten Beziehung zu Helmut liegen, als in deinem Versäumnis, Till zu stützen. Diese rasche Zuwendung zu Helmut ... war da nicht auch Unmut und Trotz im Spiel?

Lysa: Oh, meinen Bezug zu Helmut vermag ich nicht als Schuld zu empfinden. Er erwuchs den Nöten, all den Belastungen und Irrungen jener Zeit. Doch ist er nicht aus Trotz und Unmut gegen Till, sondern aus Liebe zu Helmut heraus geboren. Und Till hat jenen Schritt so großzügig gebilligt. Das ist vielleicht, was mich ihm nun so tief verbindet. Wir wollten immer ein Kind. Wenn ich mich schuldig fühle, so ist es durch meine Unfähigkeit, ihn nachher in seiner zunehmenden Not anzunehmen, einer Not, in die ich ihn gedrängt habe. Wo ich seine Großmut und zugleich seine Schwäche hätte tragen müssen. Ich empfand damals für mich statt für ihn. Das ist die Schuld, die mich nicht frei gibt. Und das Gefühl, dass er diesem erneuten Rückzug gegenüber erlegen ist. Dass er so traurig wurde. Dass er vielleicht das Leben nicht mehr wollte. Das ist es! Er wollte es nicht mehr. Und der Unfall ... glaubst du, Ken, dass solche Schuldgefühle je verstummen? Oder wird er mich immer so anschauen? Immer mit diesem Gesicht?

Ken: Ich kann mir vorstellen, dass solche Bilder sich verändern, aber unter Umständen nicht verstummen. Ihre Wurzel ist wohl älter, als du jetzt annimmst. Und sie haben ihren Ursprung in jenem Stimmungsgrund, von dem wir das letzte Mal gesprochen haben und der ganz persönlich ist. Solche Stimmungen sind kaum zu löschen. Aber sie sind für den Menschen nicht förderlich. Nicht wesentlich. Sie hindern den Menschen in seiner Entfaltung, in seiner geistigen Liebe.

Lysa: Was soll ich denn tun?

Ken: Vielleicht ist es gut, sich klar zu werden, dass das Schuldbewusstsein zwar eine verständliche menschliche Regung ist, die aus der Erfahrung des persönlichen Versagens fließt, dass sie aber nicht der menschlichen Reifung und Entfaltung dient.

Peer: Ja, aber sollte man das Schuldgefühl und die Reue nicht auch als erzieherisch und sozial bedeutsame Regungen annehmen? Wer ein Vergehen oder gar ein Verbrechen begangen hat, wird durch die ehrliche Einsicht und Reue doch schon wesentlich entlastet.

Ken: Gewiss. Vornehmlich durch die Einsicht. Doch

nicht das Schulgefühl und nicht die Reue sind das eigentlich Entlastende. Sondern die neu erwachte Anteilnahme und Hingabe an den eben noch abgewiesenen Menschen. Solch neue Liebeshaltung wirkt sich aus. In ihr wurzelt eine neue Einsicht, ein neues Verstehen. Aus ihr können auch Schuldgefühl und Reue fließen. Sie sind aber nicht Träger jener Entlastung. Sie sind nicht Stützen künftiger Reifung. Sie können im Gegenteil das künftige Leben auch belasten und den Keim neuer Liebe ersticken. Sie sind nicht geistiger Natur. Sie entstammen dem Bedürfnis, sich mit sich selbst wieder ins Gleichgewicht zu bringen. Bloße Reue oder gar eine Reuehandlung, Sühne oder Buße können das Schuldgefühl nicht tilgen, schon gar nicht die Schuld. Äußerlich überbundene Sühne mag aus sozialen Gründen sinnvoll sein. In erzieherischer Absicht ist sie verfehlt. Reue, Sühne, Buße gehören nicht zur Erziehung. Sondern einzig die Liebe.

Lysa: Warum sagst du, Schuldgefühle könnten dem Leben hinderlich sein und die neue Liebe im Keim ersticken?

Ken: Nun, nimm als Beispiel das Kind, das du trägst. Gotha hat schon darauf hingewiesen. Deine Schuldgefühle und deine Traurigkeit könnten hinderlich sein für seine Entwicklung. Das musst du ja von deinen endokrinologischen Studien her am besten wissen.

Gotha: Ja, und nicht nur durch die Rückwirkung einzelner Hormone auf die Ernährung und Entfaltung des Kindes, auch aus der direkten Übertragung deiner Stimmung auf deine Lebensweise und damit auf die seelische Grunderfahrung des Kindes könnte sich solche Verstimmung wohl auswirken. Jetzt schon und besonders während und nach der Geburt. Zumindest wird das heute so umschrieben.

Lysa: Ich weiß das wohl. Aber ich kann meine Stimmung nicht umfärben nach meinem Wunsch.

Ken: So ist es. Das sagtest du schon das letzte Mal, als du über die Funktionen des Stammhirns sprachst. Tief angelegte Grundstimmungen kann man nicht leicht umfärben oder löschen. Aber man kann sie „überwachsen" lassen und seine Stimmung im Ganzen so auflichten.

Lysa: Ja, überwachsen! Das sagst du schön. Aber umso trauriger macht es mich, dass mir solche Auflichtung nicht gelingen will. Wie stellt man so etwas an?

Ken: Am ehesten durch die unmittelbare „Übung der Liebe".

Lysa: Und wie soll ich solche „Übung" tun?

Ken: Jede Übung ist gut, die eine unmittelbare „Ausübung" reiner Liebe ist. Eine Übung, die nicht motivoffen, nicht aus reiner Hingabe an den begegnenden Menschen, nicht aus liebender Anteilnahme an der Welt geschieht, ist menschlich unwesentlich. Sie kann auch nicht helfen, die innere Stimmung zu überwachsen.

Lysa: Du meinst, ich könnte so durch neue Begegnungen die Bilder von Till vergessen? Doch ich weiß: Die Bilder sind stärker als alles, was ich neu antreten könnte. Das ist es ja, sie treten überall dazwischen, wenn ich für mich alleine bin, wenn ich schlafe, wenn ich arbeite, wenn ich gehe, aber auch, wenn ich mit andern bin, wenn ich spreche. Auch jetzt sind sie da und schauen mich an. Ich glaube, ich brauche diese Bilder, um mich selbst damit zu quälen.

Ken: Das eben ist es, was ich sagen wollte. Diese Bilder vergessen oder löschen ist kaum möglich. Das willst du ja im Grunde auch nicht, weil deine Liebe darin liegt. Wenn du dich darum bemühen wolltest, würden sie desto hartnäckiger wieder zuschlagen. Wozu aber sollte es dienlich sein, sich damit herumzuquälen? Du verdirbst so deine Erinnerung an Till, an die Freundschaft, die euch verband. Doch gerade darin liegt das Geheimnis solchen Überwachsens. Jeder kennt es. Wenige vermögen ihm im Leben Raum zu geben. Es ist dies: Nicht das Alte zu überwinden ist der Auftrag. Nicht die Schuld zu tilgen. Der Auftrag ist vielmehr, die neue Liebe zuzulassen. Sich dem Begegnenden zu öffnen, dem Zukommenden. Bedenke du dein Kind, das auf dich zukommt. Bedenke seinen Vater. Befreundet euch aufs Neue. Nehmt Till in eurer Mitte auf. Sprich mit Till, doch nicht aus jenen Bildern gegenseitigen Versagens. Sprich mit ihm, als wär er hier. Als spräche er mit jenem Blick der Liebe, als er bereit war, das Kind anzunehmen.

Lysa: Oh Ken! Das kann ich nicht. Freilich habe ich auch schon an Helmut gedacht. Ich liebe ihn. Aber ich kann mich ihm heute nicht mehr verbinden. Das schiene mir wie ein Verrat an Till. Till ist der Vater meines Herzens. Darum habe ich Helmut gebeten, nicht zu der Beerdigung zu kommen. Er ist dann doch gekommen. Er hat mir sogleich geschrieben und mich seiner Liebe versichert und mich gebeten, als Vater des Kindes das Leben mit mir teilen zu dürfen. Ich habe ihm geantwortet, ich könne das nicht mehr. Ich kann nicht leben zwischen ihm und der Erinnerung an Till. Es würde mich zerreißen. Ich käme mir schlecht vor in dieser neuen Ehe. Zudem, Helmut ist jetzt nicht mehr frei. Er hat sich Hella zugewandt.

Gotha: Wer ist Hella?

Lysa: Sie soll sehr jung sein. Und sehr schön. Mehr weiß ich nicht. Ja, auch dies: Sie ist Lehrerin und hat ihre erste Stelle eben angetreten.

Gotha: Und sind Helmut und Hella schon entschlossen, sich zu verbinden?

Lysa: Ich weiß es nicht. Ich hörte von Helmut in diesem Sinn nur Andeutungen. Aber sie waren doch solcher Art, dass ich annehmen muss, sie hätten ernste Absichten, sich zu verbinden. Ach Ken! Wie sagtest du doch: Die Übung der Liebe hat immer Raum, wenn man sich offen hält. Wie ist solche Übung der Liebe zu pflegen?

Ken: Ich verstehe unter Übung der Liebe im vorher ge-
meinten Sinn nicht eine umschriebene Handlung
auf bestimmte Ziele hin, wie man eine Fähigkeit
zur Fertigkeit einüben könnte. Wie Kenntnisse
erübt werden mögen, um sie zu besitzen. Auch
nicht einen Weg, wie ihn die indischen Yogaübun-
gen lehren, nicht wie die Übungen aus dem Tao der
Chinesen oder wie das Bogenschießen im Zen
Buddhismus. Das alles sind wertvolle Übungen. Ich
meinte aber allgemein die Pflege einer geistigen
Haltung, die mir für den Menschen und seinen Ent-
faltungsweg wertvoll scheinen. Eine solche Pflege
setzt eine innere Entschiedenheit und eine aktive
Bereitschaft zu geistiger Offenheit voraus. Mehr
nicht. Aber vielleicht ist das schon viel. Und nicht
jeder vermag aus solcher Entschiedenheit zu leben.
Weil seine Stimmung in vielen Bereichen schon
stark verschüttet ist. Es ist aber auch nicht das Leben im Ganzen, das aus solcher Entschiedenheit geführt werden könnte. Darüber haben wir das letzte
Mal gesprochen. Leben ist Überleben, Durchsetzung des Subjektes.

Das gilt auch für den Menschen. Und nur quer zu solchem Leben kann die geistige Übung statthaben. Wie tief und weit aber das Leben aus solcher Pflege des Geistigen ergriffen und geführt wird, das macht die wesentliche Kraft des Einzelnen aus. Liebe kann man nicht absichtlich üben.

Liebe gibt sich. Sie geschieht. „Übung der Liebe" ist ein Geschehen, ein Zulassen in der Begegnung. Und das ist auch die Quelle der Heiterkeit und ein Weg, die belastenden Stimmungen überwachsen zu lassen.

Lysa: Ich bin nun mal in wesentlichen Bereichen verschüttet, wie du sagst. Das fühl ich wohl, und wie soll ich da wieder herausfinden?

Ken: Durch das Aufklingen der Liebe in der Gegenwärtigkeit neuer Bezüge. Beim Betrachten einer Blume, des Lichts in der Landschaft. Was immer du ansprichst, erschaust, ganz zufällig vorfindest, was immer dir in der äußeren Begegnung oder in der Vorstellung widerfährt, jetzt, gerade das kann dir

Partner sein für die unmittelbare Ausübung der Liebe.

Lysa: Ich aber blicke, wo immer ich hinschaue, ins Was-
         ser. Und in Tills trauriges Gesicht. Und er will
         sprechen, und ich verstehe ihn nicht. Was kann ich
         da tun?

Ken: In deinen Worten spiegelt sich zugleich die ganze
         Weite der geistigen Möglichkeiten: die Begegnung
         mit der Natur, mit dem Menschen mit dem kulturel-
         len Leben und der inneren Berufung zu verstehen-
         dem Tun. Da ist die Natur in ihrer umgreifenden
         Weite, das Wasser etwa, von dem du sprichst. Du
         siehst es in seiner bedrohlichen Macht. Aber das
         Wasser ist uns vertraut von Anbeginn und ist allem
         Lebendigen nahe. Wir leben aus dem Wasser und
         begegnen ihm tausendfältig und sein Anblick kann
         uns in tausend schillernden Bildern die innere Ver-
         wandtschaft eröffnen, aus der wir ihm nahe sind.
         Und es ist schön, sein Spiel mit Licht und Wieder-
         schein, seine Bewegung im Sog der Anziehungs-

kraft, das Lastende und Tragende, das vielfältige Aufsprühen, das Rauschen des Flusses, das stille Plätschern der Seen und die Brandung des Meeres, ja, auch das Aufleuchten in jedem Wasserglas, hinreichender Anruf, sich ihm hinzugeben als einem wirklichen, in Bodos Sinne „lebendigen" Partner. Sich dem Wasser innerlich zu öffnen, bedarf keiner Anstrengung, aber einer Bereitschaft motivoffenen Schauens. Wir sind ihm immer schon zugetan. Jedes Kind freut sich am Wasser. Der Durstige ersehnt es. Das Wesentliche geistiger Bereitschaft aber ist, es nicht auf sich selbst zu beziehen, nicht als Lebenserhaltendes, nicht als Widersacher, nicht als Bedrohliches und Vernichtendes, nicht als nützliches Gut, wenn wir es zum Waschen oder Schwimmen, oder eben zum Trinken verwenden und unsern Leib weitgehend daraus aufbauen, sondern es für Augenblicke ganz in sich selbst zu meinen, seine innere Wirklichkeit und Tätigkeit zu ahnen, in all seinen Spielformen und Erscheinungsformen, die uns so reich auf unserer Erde und selten genug aus diesem fast unendlichen Kosmos heraus begegnen. Und so mit aller begegnenden Welt. Es gibt eine „innere Heimat" der begegnenden Welt, für jeden Menschen anders, in der er den Brückenschlag zu allem Begegnenden in der Natur zu vernehmen vermag, das ihm innerlich nahe ist. Ob es die aufgehende Sonne ist mit ihren tausendfältigen Lichtern und Schatten, die umfassende Weite des nächtlichen Himmels, von dem uns Kunde wird, die immer neue Formkraft der Landschaft, der Steine und Erden, der Wasser und Winde, der Pflanzen und Tiere. Die „innere Heimat" ist jener Saum begegnender Natur, die uns innerlich in ihren eigenen Motiven anspricht. Der wir uns öffnen können in ihrem Eigensein und Wirken.

Innerhalb dieser Begegnung mit der Weite der Natur hat nun die Begegnung mit dem einzelnen Menschen ihre besondere Bedeutung. Aber nicht des Menschen, wie er uns als äußere Erscheinung gegenüberstehen mag, als ein Bild, das wir von ihm gewinnen, nicht der Mensch, wie er uns besonders zugetan ist, wie er uns nützlich sein kann oder einer, der über uns verfügt. Auch nicht wie Till, der dir durch die Autoscheibe und das Wasser erscheint. Sondern der begegnende Mensch in seiner eigenen inneren Wandlungskraft, in seinem Seelenwesen, aus dem heraus er sich selbst geistig öffnen möchte. Das gilt selbst für das Bild des verstorbenen Menschen. Du blickst in Tills Gesicht und er ist traurig. Das aber ist nur ein Bild seiner eigenen Verlorenheit an sich selbst, wie es in dir verhängt ist. Er selbst war ein ganz anderer aus der Tiefe seiner eigenen Seelenkraft. Er war der Entwerfer all seiner geistigen Zuwendungsmöglichkeiten, deren er ja viele verwirklicht hat und deren du auch viele von ihm kennst. Willst du ihm darum im geistigen Sinne nahe sein, so musst du ihn so sehen, wie er sich selbst hätte entwerfen wollen. Dann siehst du den ganzen „Charme" seiner Menschlichkeit. Aus ihr heraus zeigt sich sein immer neues Spielfeld möglicher Zuwendungskraft. Freilich, du erblickst jederzeit auch die Verschüttung, die sich der freien Entfaltung seiner Geistigkeit entgegenstellt. Die Kunst des inneren Umgangs mit einem Menschen ist es aber, quer durch alle Durchsetzungsbedürftigkeit, durch alle innere Verdunkelung, Kompensation und Traurigkeit den ursprünglichen geistigen Charme zu erblicken. Wer dies vermag, ist dem andern Menschen geistig nahe. Das gilt für jeden Menschen, der dir begegnen mag. Freilich gibt es solche, die dir aus „seelischer Verwandtschaft" in ihrem geistigen Entwurf schon nahe stehen und solche, denen du dich lange liebevoll zuwenden musst, ehe du ihren inneren Wesenskern entdeckst. Es ist ein freundliches Geschick, seelisch verwandten Menschen zu begegnen. Mit ihnen umzugehen. Sie sind die sichtbaren Blüten in unserem Lebensgarten. Und es gibt die vielen andern, die sich uns noch nicht öffneten. An denen wir oft vorüber gehen, ohne sie zu entdecken, wie unscheinbare Knospen möglicher Begegnung. Doch jeder Mensch öffnet uns in der Begegnung das Abenteuer seiner inneren Entdeckung. Jeder ist dir innerlich zutiefst verwandt. Und oftmals zeigt sich am Wegesrand, wenn wir dem andern nur eine Pforte unserer Zuwendung öffnen, wenn wir hinreichend horchend und vernehmend sind, die ungeahnte Tiefe seiner geistigen Hoffnung und seine seelische Verwandtschaft, die wir nicht vermuteten. So kann uns jeder Begegnende in der Übung der Liebe Partner sein.

Ja, auch jedes einzelne kulturelle Tun, ein Wort in seinem persönlichen Klang, ein Gespräch, eine sprachliche Verständigung, die aus geistiger Offenheit stammt, ein Werk, auch nur ein Pinselstrich des Meisters, der Anschlag oder die Interpretation des Pianisten bei einem bestimmten Werk, eine Geste oder Gebärde des Tanzenden können uns tief wie aus eigenem Motiverleben heraus berühren. Sich ihnen hinzugeben in ganz persönlichem Berührtsein ist Übung der Liebe, wie ich es meinte.

Und schließlich das eigene Tun. Es ist die persönliche, „innere Berufung". Vielen Berufen vermag sich der Mensch hinzugeben. Die innere Berufung aber findet er in solchem Tun, in dem er sich dem Verstehen sich schenkender Wirklichkeit offen zu halten vermag. Du sagst, du vermagst nichts zu tun. Aber das Kleinste, das wir tun aus dem Bedürfnis verstehender Anteilnahme und Pflege ist eine Chance neuer Zuwendung. Auf den andern zu. Zu andern Menschen, zu andern Wirklichkeiten hin. Und so zeigt sich in all diesen Bereichen die Möglichkeit, seine Verschüttung zu übersteigen. Sie beruht in dem neuen, reinen Liebesgeschehen, das sich in der Begegnung erschließt.

Lysa: Du meinst, ich sollte Helmut wieder ansprechen?

Ken: Ich würde es tun.

Lysa: Auch noch nach meiner wiederholten Abweisung? Könnte er, nachdem ich ihm die Gründe meiner Absage so deutlich entfaltet habe, damals, als ich zu Till zurückzog, auch jetzt – nach Tills Tod – diese neue Wendung verstehen? Und jetzt, da er vielleicht mit Hella verbunden ist – da fiele es mir schwer, noch einmal zurück zu kommen. Ich glaube – ich könnte das nicht mehr.

Ken: Vielleicht ist eine eheliche Verbindung zwischen euch nicht mehr sinnvoll oder auch nicht mehr möglich. Ich meinte nicht, du solltest ihn auf eine solche Verbindung hin ansprechen. Ich meinte nur, ihr solltet eure Freundschaft erneuern und weiterhin austragen.

Lysa: Befreundet bin ich mit Helmut nach wie vor.

Ken: Das ist gut. Wahre Freundschaft erlischt nicht während der Trennung. Und Bedrängnis und gegenseitiges Leid beschatten sie nicht. Der Kern der Befreundung ist in einer Tiefe der Seele angesiedelt, die durch keine äußeren Schicksale berührt werden kann. Aber die Verschüttung der eigenen Stimmung kann auch das Gewahren der Freundschaft niederschlagen.

Gotha: Dank für deine Worte, Ken. Du hast in unser aller Sinn gesprochen. Nun darf ich euch wieder zu einem kleinen Imbiss bitten. Und Helmut und auch Hella werden bald hier sein.

4. Kapitel

Die kleine Gesellschaft hatte den Imbiss verzehrt. Alle kannten nun schon Gothas Ernährungsideen, waren von ihrer Küche erfreut und ließen sich so manche neue Rezepte erklären. Der Kreis fand sich bald wieder in der Stube zusammen, als Helmut eintraf. Bodo empfing ihn und stellte ihn in der Runde vor. Lysa wirkte scheu und unsicher bei der Begrüßung, aber Helmut begrüßte sie umso herzlicher.

Nach den allgemeinen Begrüßungsfragen und ersten persönlichen Hinweisen und nach Helmuts Beteuerung, bereits ein Nachtmahl eingenommen zu haben, nahmen alle in der Stube Platz. Helmut saß Lysa gegenüber. Nach einem kurzen Schweigen ergriff Lysa das Wort:

Lysa: Willkommen, lieber Helmut, in unserem Kreis. Ich danke Ken und Bodo für die freundliche Einladung und dir für dein Kommen. Es ist mir im Grunde nicht recht, Helmut, dir so unmittelbar hier im Kreise der Freunde zu begegnen. Ich muss auch darauf bestehen, dass ich bis vor einer Stunde von deinem Kommen nichts wusste. Lieber wäre ich dir zuerst wieder ganz persönlich begegnet ... und vielleicht hätte ich hierzu auch noch einige Zeit gebraucht. So wollte ich mich hier auch gleich wieder verabschieden und zurückziehen. Aber auf die Bitten aller bin ich geblieben. Auch habe ich hier im Kreise schon eingehend über unsere gemeinsamen Beziehungen gesprochen.

Ich weiß nun nicht recht, wie ich mich zu dir verhalten soll. Ich habe mich dir gegenüber schriftlich geäußert. Ich hoffe, ich habe dich nicht verletzt. Du weißt meine Gründe. Ich hab dir geschrieben, dass mir eine eheliche Verbindung mit dir seit Tills Tod nicht mehr möglich ist. Tills Tod riss in mir alles wieder auf, was ich mit dir in jener ersten Zeit verdecken und überspielen wollte. Ich war seine Frau. Ich hatte ihm gegenüber noch kein Wort über Scheidung verlautet. Wir hatten uns räumlich getrennt, das ist wahr. Aber dann kam jener Brief, der mich umwarf, der mir zeigte, wie innig er mich liebte. Und auch wie tief im Innern meine Liebe zu ihm glühte. Ich habe dann doch mit dir geschlafen. Ich wollte es im Grunde meines Herzens nicht. Du hast mich dazu recht eigentlich ermutigt. Durch deine Liebenswürdigkeit. Durch deine Liebe. Und ich war dir gegenüber innerlich zu schwach. Es überwältigte meine Gefühle wie eine Sturzwelle und schlug alle meine Bedenken nieder. Dann kam das Kind. Ich wollte es nicht. Ich fühlte mich in Tills Schuld. Und als er mir alles nachsah und das heranwachsende Kind, unser Kind, so liebevoll aufnahm, da war ich ganz sein. Ich habe ihn nie so geliebt, wie in jener Zeit. Aber mein Herz hing auch an dir. Du weißt es. Till begann, mir zu misstrauen. Ihr wart rechte Freunde. Das hat mir sehr geholfen. Aber ich spürte seine Not. Und das ist das Schreckliche. Ich habe nicht zu ihm gestanden. Ich habe ihm nicht geholfen ... Und daran ist er wohl zerbrochen. Vielleicht wollte er seinen Tod. Er hat meine Kirschen auf der Fahrt hierher, wie man mir sagte, mitgenommen. Er hat sie nicht gegessen. Ja, vielleicht wollte er seinen Tod und das bindet mich jetzt in schrecklicher Weise. Aber du weißt auch, wie sehr ich dir auch jetzt noch freundschaftlich verbunden bin. Ich habe hier im Kreise der Freunde von dir, von Till, vom Kind erzählt. Von der Zerrissenheit meiner Liebe. Ach diese Erlebnisse, diese ganze Zeit, weißt du, das hat mich ganz erdrückt. Ich bin gar nicht mehr ich selbst.

Helmut: Lysa, du bist schöner denn je. Ich bin deinen Freunden hier dankbar, mich eingeladen zu haben, denn es ist mir ein Anliegen, mit dir zu sprechen. Und nicht nur die Aussicht, an eurem Gespräch teilzunehmen, auch die Hoffnung, dich wieder zu sehen, veranlasste mich, Bodo zu bitten, mich hier einzuführen. Das muss ich gestehen. Ich will das allgemeine Gespräch nicht belasten. Aber erlaubt mir vorerst noch ein persönliches Wort. Deine Briefe, Lysa, habe ich gut verstanden. Ich habe deine Stellungnahme vorausgesehen. Aber ich wollte dir sagen, dass meine Liebe zu dir sich nicht geändert hat. Und du weißt, dass ich bereit bin, für das Kind einzustehen, auch wenn du eine persönliche Verbindung nicht mehr willst. Für unser Kind!

Ach Lysa – wie gerne stellte ich dir noch einmal

den Antrag, das Leben mit dir zu teilen. Lysa, ich liebe dich!

Gotha: Gut, dass Sie so zu Lysa stehen. Wir sind Ihnen alle dankbar. Denn wir alle empfanden im Gespräch, dass Lysa in Not sei. In einer inneren, schwer zu lösenden Not. Und wir glauben auch, dass ihr gerade jetzt, da sie das Kind trägt, geholfen werden muss.

Helmut: Ich bin als Vater des Kindes zu jeder Hilfe bereit.

Peer: Es ist, wie Gotha sagt, nicht eine äußere, sondern eine innere Not. Und da ist es wohl schwer zu helfen. Aber schon zu wissen, dass liebe, befreundete Menschen zu einem stehen, ist wohl ein erster Ansatz.

Lysa: Ich werde mir wohl im Eigentlichen selber helfen müssen. Das fühle ich. Aber ich bin dankbar für so viel Teilnahme. Und dir, Helmut, bin ich, nach allem, was ich dir geschrieben habe, besonders dankbar für deine Worte. Wie gerne würde auch ich dir nun sagen: Komm, wir fangen von vorne wieder an. Aber das geht nicht mehr. Und da ist auch Hella.

Helmut: Hella, ja, Hella ist noch jung. Wir trafen uns auf einer Ausstellung. Sie liebte Bilder, die auch mir selber nahe waren. So kamen wir ins Gespräch. Ich spürte bald, sie war selbst in Not. Sie hatte Mühe, sich in die Lehrerinnenrolle zu finden, die sie angetreten hatte. Sie hatte eine ganz andere Auffassung von Ausbildung und Erziehung. Das hatte ihr schon während der Ausbildung in der Pädagogischen Hochschule Schwierigkeiten eingebracht. Ich verstand sie gut und wir kamen uns rasch näher. Dann kam ihre innere Krise. Sie wollte ihren eben begonnenen Beruf aufgeben. Sie kam zu mir und wir plauderten die Nächte durch über Kunst und Bildung. Ich hatte niemanden, der mir hierin so nahe war. Ich bewunderte ihre junge Ausstrahlung und die Kraft mit der sie für eine neue Bildung, eine Vertiefung der Kultur einstand. Und auch sie lebte in diesen Gesprächen auf. Ich bekundete ihr meine

Liebe. Und sie öffnete sich mir in einer überraschenden Tiefe. Sie wollte mit mir leben. Sie kündigte ihre Stelle. Mit mir wollte sie sogenannte „schwierige Kinder" aufnehmen und bilden. Sie überwarf sich bald mit ihren Eltern. Die wollten von mir nichts wissen. Mit Recht wiesen sie darauf hin, dass ich mit meinem Beruf als Maler keine Familie erhalten könnte. Und sie meinten, dass unsere Idee einer neuen Bildung und die Hoffnung, einzelne Kinder so zu erziehen, Illusionen wären. Sie wiesen auch darauf hin, Hella sei noch zu jung. Sie hätte noch ihre Jugendphantasien. Und mir gegenüber waren sie skeptisch. Hella verließ ihr Elternhaus und zog zu mir. Ja, wir lieben uns.

Lysa: So willst du jetzt mit Hella sein?

Helmut: *(nach einer langen Weile, während derer er stumm in sich hinein horchte),* Ich ..., ich weiß nicht, was ich sagen soll. Ja, natürlich. Ich wär' dazu bereit. Ich liebe Hella wirklich. Aber da ist nun eine ganz neue Verantwortung und Beziehung zu dir, Lysa.

Wir waren schon lange Freunde. Damals im Gymnasium glaubte ich, nur du könntest die Frau meines Lebens sein. Und als wir nun wirklich zusammenfanden, war ich so glücklich, wie sonst nie in meinem Leben. Dann kam das Kind und alles schien klar. Wir waren nun eine Familie. Aber bald warst du dann wieder fort und wolltest das Kind mit Till. Kannst du dir vorstellen, wie mir zumute war? Aber ich lernte Till kennen und schätzen und so war mir das Leben tragbar, wenn es auch schmerzlich war, euch zusammen und das Kind bei euch zu wissen. Nun aber, da Till starb, loderte meine Liebe zu dir wieder auf und nun warst du plötzlich allein mit dem Kind. Mit meinem Kind! Und da fühlte ich nicht nur meine Liebe zu dir, sondern auch meine Verantwortung.

Lysa: Ist es diese Verantwortung, die dich aufruft, dich mit mir zu verbinden? Tue ich dir Leid als alleinstehende Mutter?

Helmut schwieg.

Lysa: Ich will dein Mitleid nicht.

Helmut: Lysa, ich liebe dich! Aber ich liebe auch Hella. Und nun bin auch ich innerlich ganz zerrissen. Ich habe Ken bitten lassen, auch Hella hierher einzuladen. Und ich hoffe, dass wir so gemeinsam den rechten Weg finden werden.

Bodo: Es läutet. Das ist wohl Hella. Willst du sie empfangen, Helmut, oder soll ich gehen?

Helmut: Ich gehe.

Helmut ging zur Tür und öffnete.

Hella *mit einem scheuen Lächeln*: Ich bin spät.

Bodo *rief aus der Stube*: Kommen Sie, kommen Sie!

Er ging rasch auf die beiden zu, stellte sich kurz vor und begrüßte Hella auf das Herzlichste. Er vernahm, dass Hella sich schon verköstigt habe. Dann stellte er sie ihrerseits dem

ganzen Kreis vor. Alle waren betroffen durch ihre Jugend-
lichkeit und entzückt durch ihre schlichte, zarte Schönheit.
Sie stand einfach gekleidet in abgetragenen, grauen Hosen
und einem hellen, altrosa Pullover. Das blonde Haar fiel ihr
voll und in leichten Wellen über den Rücken. Ihre blauen
Augen hatten etwas Strahlendes und zugleich Bescheidenes,
das jedermann gewinnen musste, und ihre mädchenhafte
Erscheinung hatte etwas Rührendes in diesem Kreis. Jeder
spürte ihren Mut zu kommen. Und manche dachten: Nur ihr
uneingeschränktes Vertrauen und ihre Liebe zu Helmut
mochten sie dazu befähigt haben. Hella stand hochaufge-
richtet, aber auch schüchtern und fast ein wenig verlegen in
der Runde und blickte fragend von einem zum andern. Sie
mochte einen jüngeren Kreis erwartet haben. Schließlich
ließ sie den Blick auf Lysa ruhen. Die beiden Frauen blick-
ten einander an und man konnte ihnen ansehen, dass sie
beide von der so ganz andersartigen Schönheit der Gegen-
spielerin betroffen und ein wenig beunruhigt waren. Die
Blicke der Anwesenden wechselten von einer zur andern,
von dem jungen Mädchen zur gereifteren und innerlich ent-
falteten Frau und hingen schließlich erwartungsvoll an Hel-
la. Niemand sprach.

Hella *leise und fast zärtlich zu Lysa*:

>Wie schön Sie sind! Helmut hat mir von Ihnen erzählt. Und es tut mir Leid zu wissen, dass Sie Ihren Mann verloren haben, da sie das Kind tragen. Ich kann Ihnen nachfühlen...

Lysa spürte, wie ihr die Tränen in die Augen traten, aber sie bemühte sich, nicht zu weinen. Sie stand auf, ging auf Hella zu und umarmte sie stumm. Sie wies ihr einen Platz neben Helmuts Sessel an und setzte sich ihr wieder gegenüber. Helmut stand wie gebannt und blickte von einer zur andern. Schließlich nahm er auch Platz.

>Gotha: Es ist für uns ein Geschenk, zwei neue, liebe Gäste in unserm Kreis zu haben. Wir pflegen hier Gespräche zu unserer eigenen Klärung und vielleicht auch in der Hoffnung, von Ken noch einige seiner Gedanken und Anschauungen zu erfahren, die zum tieferen Verständnis seiner philosophischen Aussagen dienen könnten. In dieser Absicht hatte Lysa das letzte Mal, da wir uns hier trafen – vor zwei Monaten – die Frage nach den Hintergründen sei-

ner Auffassung vom Menschen und dessen wesentlichen Zukunftsmöglichkeiten gestellt. Das Letzte, was wir besprachen, und was Ken selbst in seiner Weise dargestellt hat, war die Frage nach der echten Freundschaft und die „Übung der Liebe". Wenn es allen recht ist, schlage ich vor, dass wir hier einsetzen und Ken bitten, das Gesagte noch weiter auszuführen. Zuvor aber wäre es schön, wenn unsere beiden neuen Gäste einiges ihnen Bedeutende aus ihrem Leben und Hoffen darstellen wollten.

Helmut: Ich habe schon einiges Wenige von meiner Beziehung zu Hella sagen dürfen und vernahm, dass Lysa in diesem Kreis bereits eingehender darüber berichtet hat. So bleibt mir nur, noch ein Wort über meine Jugend und meinen Beruf als Maler zu äußern. Meine Eltern lebten in einem Dorf im Zürcher Oberland. Ich war ihr einziges Kind. Mein Vater war Schreiner und schuf auf Bestellung gern schöne, schlichte Möbel aus feinen Hölzern und auch nach seltenen Vorlagen und eigenen Entwürfen. Er war gelegentlich auch als Zimmermann tätig, aber beides brachte ihm nicht viel ein. Meine Mutter stammte aus einer gutbürgerlichen Zürcher Familie. Sie hatte die Matura bestanden und ein nationalökonomisch-juristisches Studium begonnen. Sie heiratete bald und brach das Studium ab. Gelegentlich wirkte sie als Rechtsberaterin in der Umgebung. Es war vor allem ihr Wunsch, dass ich studiere. Ihrem Einsatz und ihrem gelegentlichen Berufseinkommen verdanke ich, dass ich in Wetzikon aufs Gymnasium konnte. Aber der Lernbetrieb belastete mich. Am liebsten waren mir die Kunstfächer. Ich zeichnete und malte gern. Und Lysa war in meiner Klasse. Was ist doch die Jugendliebe für ein Himmel auf Erden! Hier fand mein Leben einen Sinn. Freilich, nach dem Gymnasium verloren wir uns aus den Augen. Ich begann ein juristisches Studium. Aber es sprach mich nicht an. Die Rückbindung an das positive Recht stutzte meine Hoffnungen zurück, Menschen im sittlichen und bildenden Bereich hilfreich sein zu können. Ich wechselte zu Philosophie und Pädagogik. Aber auch das sprach mich nicht an. Die zufällige Begegnung mit Werken meines geschätzten Meisters Bodo ließ mich erkennen, dass mein Weg ein anderer war. Ich durfte Bodos Atelier besuchen. Ich nahm an seinen Kursen teil. Ich wurde Maler. Ein Besuch der Ausstellung von Malern des „Blauen Reiters" führte mich mit Hella zusammen. Das Weitere habe ich erzählt. Und nun bin ich dankbar, dass Ken und Bodo mich hierher luden und dass auch Hella Kens Einladung folgen durfte.

Hella: Auch ich bin recht eigentlich ein Einzelkind. Ich hatte eine Schwester, die zwei Jahre jünger war. Sie war stets kränklich und wurde von unserer Mutter gehegt und gepflegt. Vielleicht war ich in jener Zeit auch etwas eifersüchtig auf ihre enge Beziehung zur Mutter. Sie starb frühzeitig. In der Erinnerung ist sie mir nun sehr nahe. Wir lebten in Zürich, in einem Außenquartier an der Limmat. Mein Vater arbeitete in einer Kabel- und Gummifabrik. Nach seiner frühen Entlassung war er arbeitslos. Er bemühte sich lange um eine neue Anstellung. Es gelang ihm nicht. So war er im Haushalt tätig und betreute auch mich. Meine Mutter ist Lehrerin an der Grundschule. Sie ist völlig überfordert. Die Klasse, die sie jetzt führt, bereitet ihr große Mühe. Disziplinarisch und auch im Hinblick auf die Erreichung der gegebenen Lernziele. Sie hat viele Ausländerkinder dabei. Manche sprechen kaum deutsch. Ich war eine gute Schülerin und lernte leicht. Es war abgemachte Sache, dass auch ich Lehrerin werden sollte. Das Studium war vergleichsweise kurz und bot eine relativ sichere Anstellung. Es bot freilich auch viel Schönes. Aber ich war der pädagogischen Einstellung meiner Mutter und der allgemeinen Erwartung ganz entgegengesetzt. Das Schulkonzept und die ganze Unterrichtshaltung schienen mir dem kindlichen Bedürfnis nicht zu entsprechen.

Gotha: Das interessiert mich. Auch ich war Lehrerin an der Grundschule. Wie denken Sie sich denn ein sinnvolles pädagogisches Wirken?

Hella: Ach, das ist schwer zu sagen. Ich denke, man müsse von den Kindern selbst ausgehen und trachten, jedes einzelne für seine Aufgaben zu begeistern. Die Lernziele sollten nicht von außen gegeben und gefordert, sondern im Einzelnen geweckt und vom Lehrer gestützt und begleitet sein. Und es sollte keine Noten, keine Vergleiche, keine Prüfungen und Zeugnisse und auch keine Berechtigung fürs Lernen geben.

Gotha: Wunderbar! So hätte ich mir meinen Unterricht auch gewünscht. Freilich gelang es mir nicht, das auch durchzusetzen.

Hella: Das ist es ja. Ich bin nun angestellte Lehrerin. Aber die äußeren Forderungen überrennen mich. Ich will so nicht Schule halten. Ich habe auch schon gekündigt. Und da ist nun meine Begegnung mit Helmut.

Ach, meine Begegnung mit Helmut war meine Rettung und mein neues Leben. In ihm fand ich einen Menschen, der meine tiefste Sehnsucht wecken konnte. Mir wurde mit einem Male klar, was ich eigentlich erhoffte, was meinem Leben Sinn und Ziel geben konnte. Das merkte ich schon damals,

als wir vor den Bildern Jawlenskis, Kandinskys und der Münter, aber auch Noldes, Munchs und van Goghs standen. Nicht, dass wir Gleiches meinten, Helmut malt ja auch ganz anders. Aber wir spürten, dass wir in der Tiefe unseres Erlebens wie aus einem gemeinsamen Ursprung und Wertgrund verbunden waren. Und als mir meine Kolleginnen und Kollegen und meine Vorgesetzten der Schulbehörde vorwarfen, ich sei untreu und pflichtvergessen und würde in undurchführbaren Phantastereien schwelgen, wenn ich mein Amt schon wieder niederwerfe, da war es dieses innige Einvernehmen mit Helmut, das mir die Kraft gab, zu mir selbst zu stehen und ein Neues zu versuchen. Und als meine Mutter mich ermahnte, ihren großen Einsatz für meine Berufsausbildung zu würdigen und ihrem redlichen Beispiel zu folgen, als mein Vater mir vorwarf, ich würde mich eitel überheben, und da er mich Hände ringend bat, Vernunft anzunehmen, da war all mein Hoffen auf Helmut gestellt. Er stand fest und sprach für meine innere Wahrheit. Und er zeigte, wie wir im Kleinen beginnen wollten, die neue, kindgemäße Bildung zu pflegen. Aber als sie ihn dann als Maler heruntermachten, seine pädagogischen Annahmen schmähten, ihn einen Scharlatan nannten und ihn als unfähig erachteten, eine Familie zu gründen, da rastete ich aus und warf alles hin und verließ meine Eltern noch am gleichen Tag. Ich bin traurig, dass es so kommen musste. Aber Helmut ist mir jetzt meine Hoffnung und meine Zukunft.

Lysa: Wir danken Ihnen, Hella – darf ich so sagen? – für Ihre persönliche Aussage. Und du, Helmut, weißt jetzt deinen Weg.

Helmut: Auch ich danke dir, Hella, für deine Worte. Und du weißt um meine Liebe. Aber da ist nun auch Lysa.

Hella: Ja und?

Helmut: Siehst du ... *er sprach unsicher und nachdenklich,* Ich liebe auch Lysa.

Hella: Das weiß ich. Du hast ja von eurer frühen Freundschaft erzählt.

Helmut: Das bringt mich aber in eine große innere Wirrnis. Du musst mich verstehen. Du musst mir auch helfen, selbst klar zu kommen, denn das ist es, was ich nicht mehr vermag.

Hella: Ich verstehe dich ganz und gar nicht mehr, Helmut. Was sagtest du? Du bist in Verwirrung? Du liebst auch Lysa? Hast du mich darum gebeten, hierher zu kommen?

Nach einer allgemeinen, peinlichen Pause:

Willst du uns hier vergleichen? Willst du das? Willst du herausfinden, welche die Hübschere ist? Ist es das, was dich bewegt?

Helmut: Ach Hella! Lysa ist jetzt in Not. In einer inneren Not. Wegen Tills Tod. Und wegen des Kindes!

Hella: Oh, ich verstehe! Und da willst du mir hier vor allen sagen, dass du bei ihr sein willst? Dass ich gehen kann! Das hättest du einfacher haben können.

Sie warf einen raschen Blick nach der Türe, sprang auf und wollte hinaus laufen. Helmut, der auch aufgesprungen war, verwehrte ihr den Weg.

Helmut *gequält*: Aber Hella!

Sie sank kraftlos an ihn hin und brach in Tränen aus.

Hella: Ich hab es gewusst, als du von Lysa sprachst.
Sie war tief erschüttert.

Ich hab es von Anfang an geahnt. Ich wollte es nicht wahr haben. Du hast mich nie geliebt! Es waren nur Worte. Du hast mit mir gespielt! Du hast mich geduldet, weil du sie nicht haben konntest. Du warst gekränkt, dass sie dem andern angehörte, dessen Kind sie trägt. An mir hast du dich nur schadlos gehalten. Und ich hab an dich geglaubt! All meine Liebe, all meine Hoffnung hab ich auf dich geworfen. Und auch du hast deine Liebe beteuert für alle Ewigkeit! Nun er tot ist, willst du sie für dich! Aber das ist doch abscheulich, Helmut, mich hierher zu führen in dieses Forum deiner Liebschaft!

Mit einem zornigen Blick auf Lysa:

Und Sie? Sie haben ihn hergelockt, um ihn mir wegzunehmen! Um mich vor allen Leuten hier bloßzustellen! Wie konnten Sie nur? Oh, ich hasse Sie! Ich hasse Sie!

Die Tränen erstickten ihre Stimme. Sie suchte sich loszureißen, aber Helmut hielt sie fest.

Helmut: Hella! Hella! Das Kind, das sie trägt, ist von mir!

Hella entwand sich mit einer heftigen Bewegung seinem Arm und stand wieder strack aufgerichtet vor ihm.

Hella: Von dir?

Sie schien fassungslos

Von dir, sagst du?

Ihre Stimme klang wie ein gequälter, hysterischer Aufschrei. Helmut nickte nur stumm. Ihr Blick flog zu Lysa hinüber und heftete sich gleich wieder mit Abscheu auf Helmut.

Aber Helmut! Helmut! Davon hast du mir kein Wort gesagt! Wie konntest du mir das verschweigen? Das Kind ist dein Kind? Und du sprachst mit mir und wir schmiedeten die herrlichen Träume. Und Lysa trägt dein Kind!?

Helmut *kleinlaut und verlegen:*

Ach Hella! Ich habe dir davon nichts gesagt, um dich damit nicht unnötig zu belasten. Till hatte das kommende Kind, nachdem Lysa zu ihm zurückgegangen war, als das seine anerkannt und Lysa wollte es so. Und da Till starb, lehnte sie meine Bereitschaft, als Vater des Kindes einzustehen, entschieden ab.

Hella: Und damit schien dir alles gut? Und das ist das große Vertrauen, das du mir entgegentragen wolltest?

Lysa: Oh Hella! – ich bin an allem Schuld. Das will ich Ihnen später erklären. Aber nicht jetzt. Jetzt kann ich's nicht.

Hella: Das sagen Sie so hin? Freilich, freilich sind Sie schuld! An Helmuts Leichtsinn! Sie waren ja verheiratet! Und vielleicht auch am Tode Ihres Mannes!

Sie erschrak selbst an ihren Worten. Und sie sah, dass Lysa erbleichte. Aber sie konnte sich innerlich nicht mehr halten. Sie ließ sich widerstandslos in den Kreis zurückführen.

Sie wollten nichts mehr von Helmut wissen? Wie edel! Wie groß! Aber jetzt, da Ihr Mann tot ist, jetzt fiel Ihnen ein, ihn zurückzurufen!

Lysa: Ich liebe Helmut, wie Sie ihn lieben. Und meine Liebe ist älter als die Ihre. Das hat Helmut eben erzählt. Aber ich habe ihn nicht hergelockt, um ihn Ihnen wegzunehmen. Es war überhaupt nicht mein Wunsch, ihn herzubitten oder auch Sie. Auch habe ich Helmut heute noch einmal wiederholt, dass ich eine Verbindung mit ihm nicht mehr eingehen kann.

Hella: Aber Sie lassen sich gefallen, dass er Sie hier vor allen und vor meinen Augen darum bittet? War

Ihnen der Tod Ihres Mannes willkommen? Ist Ihr Kind der Köder, Helmut zurückzurufen?

Helmut: Hella, du bist ungerecht!

Hella: Und du? War ich dir nicht gut genug? Ist Lysa die bessere Partie? Du hast mit Lysa geschlafen, obwohl du wusstest, dass sie verheiratet war? Hast du die Folgen nicht bedacht? Oder nicht wissen wollen? Du und Till, ihr wart nachher Freunde? Wie? Wolltet ihr euch Lysa teilen? Und das Kind? War's dir gleich, es wegzugeben? Und deine Verantwortung? Glaubtest du, dein Freund werde fortan verantwortlich sein? Und wenn das Kind heranwächst, wie sollte es zu seinem Vater stehen? Und welcher sollte sein Vater sein? Glaubtest du, das ließe sich alles mit einer Hand verbinden?

Und ich? Was hast du dir vorgestellt, als du von unserer kleinen Familie sprachst? Von unserer gemeinsamen Arbeit? Von der Arbeit mit Kindern? Von Kunst und Pädagogik? War's nur Geschwätz und Lüge? Wenn du mich im Arm hieltest, dachtest du da an Lysa? Oh, du hast mein Leben zerstört! All meine Träume, meine Hoffnung, meine Liebe zerstört. Ich will dieses Leben nicht mehr. Ich will es nicht.

Hella entriss sich Helmuts Arm und rannte zur Tür. Sie war außer sich und ein gequälter, röchelnder Schrei ließ alle Anwesenden befürchten, sie könnte sich etwas antun. Sie konnte das Schloss nicht gleich öffnen. Helmut war ihr nachgelaufen und hielt sie fest. Sie rang nach Luft und zitterte am ganzen Leib. Sie erlag einem Schwächeanfall und brach zusammen. Helmut und Bodo hoben sie auf und legten sie auf das nahe Sofa.

Bodo: Ich ruf einen Arzt

Hella *entschieden vom Sofa her*: Ich will keinen Arzt!

Helmut setzte sich zu ihr.

Hella *ihre Stimme klang matt und gebrochen*: Geh! Lasst mich allein! Lasst mich allein!

Helmut ging unsicher in den Kreis zurück. Alle waren auf-
gestanden und schauten besorgt zu Hella.

Helmut: Es tut mir Leid. Lassen wir sie eine Zeitlang ruhen.

Alle standen herum. Betretenes Schweigen erfüllte den
Raum. Nach einer Weile ergriff Lysa das Wort.

Lysa: Siehst du, Ken! Das ist nun die Auswirkung deiner schönen Ermahnung zum motivoffenen Gespräch der Freundschaft. Und wie soll die „Übung der Liebe" hier statthaben?

Ken: Nicht jede Liebe ist sinnvoll zu üben.

Lysa: Wie meinst du das?

Ken: Es gibt auch in der personalen Zuwendung ein Lieben für sich und eine Liebe zum Anderen. Es gibt eine personale Liebe, den geliebten Menschen auf sich selbst zurück zu beziehen und ihn für sich selbst zu wollen. Und es gibt eine Weise, sich dem

200

Andern in dessen eigenen lebendigen und geistigen Bedürfnissen verstehend und innerlich teilnehmend zu öffnen. Und nur diese letzte Weise der personalen Liebe kann in einem wesentlichen Sinne geübt werden. „Üben" soll hier – wie gesagt – nur „ausüben" heißen. Ich meine nicht eine absichtlich getätigte Übung. Verstehende Liebe ist eine vom Andern angerufene, sich schenkende Liebe. Selbstbezogene Liebe verwendet den Partner. Wenn eine Mutter ihr Kind recht liebt, freut sie sich an allem, was dem Kinde frommt und begrüßt es, wenn das heranwachsende Kind sich auch andern Menschen zuwendet oder wenn es eine ganz eigene Einstellung hat.

Gotha: Hier sprichst du, Ken, wieder von der Stufenleiter der Liebe.

Ken: Im „Symposion" zeigt Platon den Weg der inneren Läuterung zu immer höheren Formen der Liebe überhaupt. So erhebt sich der Mensch im Sinne Platons von den triebhaften und sinnlichen Formen der Liebe zur personalen Liebe einem einzelnen Menschen gegenüber und zu dessen eigenen geistigen Entfaltungsmöglichkeit und im Zuge des Philosophierens zur Liebe zur „Wahrheit" selbst, zur Einsicht in die dem Seienden zugrunde liegenden, wirksamen „Ideen" der göttlichen Wirklichkeit und schließlich zum Erahnen der einen „Idee des Guten und Schönen", dem allzeit tätigen kosmischen Ursprung selbst. Diese Gedanken Platons sind seine ganz eigene Auffassung. Aber sie haben den Menschen seit Jahrtausenden angeregt. Indessen glaube ich mit Lysa, wie sie dies schon das letzte Mal sagte, dass es angemessener wäre, nicht von einer Stufenleiter, sondern eher von verschiedenen Weisen der Liebe, des individuellen Bedürfens und Lusterlebens, wie Essen und Trinken und Atmen und Schlafen und das Erlebnis der körperlichen Gesundheit, wie auch von vielen Wünschen, geliebt und anerkannt zu werden, und alle diese Weisen, das eigene Leben zu lieben, sind, wenn sie nicht Selbstzweck werden und überwuchern, bedeutende Formen menschlicher Entfaltung. Wo sie das rechte

Maß hingegen überschreiten, wie in der Trunksucht oder in der Ruhmessucht, werden sie der eigentlichen Entfaltung des Menschen hinderlich. So auch ist die in der Arterhaltung begründete sexuelle Liebe bedeutend und in vielfältiger Weise personalem Liebesleben verbunden. Aber von ihr gilt, dass sie dem Menschlichen im Menschen Abbruch tut, wenn sie der Liebe zur Person nicht gleichzeitig verbunden ist.

Peer: Aber gerade hier muss man doch sehen, dass sich in der Gegenwart so etwas abspielt, wie die Tatsache, dass der sexuelle Liebesbezug vom personalen gelöst erlebt wird. Und das wird öffentlich mehr und mehr bejaht.

Ken: Das ist wohl so. Aber vielleicht gab es unterschwellig zu allen Zeiten eine solche Duldung der Durchsetzung reiner Sexualität. Und nur in manchen Gesellschaftsschichten wurden sie im äußerlichen Gebaren als tabu erklärt. Ein solches scheinheiliges Tabu wieder zu lösen brach die moderne Gesellschaft auf. Indes meine ich, dass nicht nur die sexuelle Liebe, sondern auch die personale Liebe selbst sich im Durchsetzungsbedürfnis verlieren kann.

Lysa: Und meinst du, dass die Liebe zwischen mir und Till und Helmut eine solche Durchsetzungs- und Selbstliebe ist?

Ken: Ja, in einem gewissen Maß. Deine persönlichen Aussagen über deinen Bezug zu Till und Helmut lassen so etwas vermuten.

Lysa: Da bin ich aber sehr überrascht, dass du das sagst. Das hätte ich nicht erwartet.

Ken: Ja, Lysa, siehst du, die „Grundmelodie" des Philosophierens ist weniger die sprachliche Bemühung um intuitive Einsicht in die Grundmotive des Menschen und der Welt, als die Erfahrung seiner selbst, das Gewahren der eigenen, unbewussten Tiefenschichten dieser Motive und die innere praktische

Läuterung der eigenen Liebeskraft. Die sprachlichen Bemühungen sind nur das „Vorgelände", von dem ich sprach. Jene Läuterung aber ist der praktische, philosophische Weg, zu sich selbst zu kommen. Um dieser inneren Läuterung Willen ringt letztlich alles echte Philosophieren. Und ein schönes Wortgebäude des Wissens wäre nicht sinnvoll und auch nicht nützlich, ohne eine solche praktische innere „Emporbildung".

Lysa: Und was meinst du mit solcher „Emporbildung"?

Ken: Wir haben schon über die Gegensätzlichkeit einer durchsetzungsmotivierten und der „personalen Liebe" gesprochen. Die Motive in unserer personalen Liebe sind aber auch nicht einzelne, klar umgrenzte Gefühle wie manche leiblich vermittelte Empfindungen, wie Durst, Atemempfindung oder Wärmebedürfnis. Sie sind vielmehr auch schon immer sehr komplex aus der lebendigen Fülle des ansprechenden Partners getragen. Sie sind selbst Mischformen des inneren Anrufs. Sie stammen aus der Vielfalt menschlichen Betroffenseins. Und sie haben ihre Quelle in der Vielfalt unseres eigenen Angesprochenseins. Sie stammen immer zugleich aus der unbewussten Tiefe lebendiger Grundmotive. Sie umfassen darum stets auch Dunkel- und Durchsetzungsmotive des Lebens, wie auch zahlreiche geistige, personale Zuwendungsbedürfnisse der begegnenden Person gegenüber. Und nur selten wird sich der Liebende des weiten und vielfältigen Strömens solchen Quellgebietes in seiner persönlichen Liebe klar bewusst. Wenn er in personaler Weise liebt, vermeint er den Partner wie aus der Mitte heraus ganzheitlich zu lieben und anzusprechen. Das macht auch das tiefe Geheimnis aller Liebe. Wenn du Till liebst, so liebst du ihn mit allen Betroffenheiten deiner Seele. Auch mit der Abgründigkeit lebendiger Behauptungskraft. Und nur, wenn er sich dir im Einzelnen versagte, verspürtest du bewusst den eigenen Besitzanspruch deiner Seele. Dann verspürst du mit einem Mal, dass du ihn auch zugleich für dich selber willst. Dann fühlst du dich vielleicht auch innerlich verletzt, wenn du das Gefühl hast, dass er dich nicht genug beachtet. Das Gleiche aber gilt wohl auch für ihn und seine Liebe. Du kannst zu gleicher Zeit auch Helmut lieben. Das dämmt auch deine Liebe zu Till nicht ein. Doch kann es seine Tiefenquellen der Liebe wecken, und seine Trauer wird wach und seine Eifersucht. Die „Emporbildung" der Seele setzt voraus, jenen Abgrund der eigenen Durchsetzungsmotive, den Lebensdrang selbst in deiner personalen Liebe zu übersteigen. Das macht die Läuterung der personalen Liebe. Und nur solch geläuterte Liebe kann wesentlich sinnvolle „Übung der Liebe" sein.

Gotha: Wie siehst du solche Emporbildung?

Ken: Das Wort „Emporbildung" fand ich beim Schweizer Pädagogen Pestalozzi. Er hat nie genau gesagt, was er darunter versteht. Aber es ist wohl das Ganze und der Zielraum seiner Erziehungslehre, was er damit ausdrücken wollte. Die Emporbildung des Menschen, meinte er, könne nicht als selbständige pädagogische Bemühung getätigt werden. Es gibt kein pädagogisches Fach der „Emporbildung". Solche Bildung gäbe sich zugleich mit allem sinnvollen Tun, mit Lesen- und Schreibenlernen, mit Rechnen, mit allem praktischen, ästhetischen und künstlerischen Erleben und Gestalten und mit der Pflege der leiblichen Funktionen. „Kopf, Herz und Hand" seien zu solcher Emporbildung aufgerufen. Er meinte, in all diesen Tätigkeiten sei es die selbsttätige Läuterung der Liebe, was den Menschen zur Erfüllung seiner inneren Bestimmung erhebe. In unserem Fall ist es nun die Läuterung der personalen Liebe selbst – ich meine, Lysa – auch deiner eigenen Liebe zu Till und Helmut, wenn sie zur möglichen Übung der Liebe führen soll. Erst wenn du Till und Helmut in deiner Liebe ganz frei geben kannst, dass du sie auch zugleich mit ihrem eigenen Anspruch lieben kannst, wirkt solche Liebe verbindend.

In diesem Augenblick erhob sich Hella vom Sofa. Sie hatte nicht geschlafen, sondern betroffen zugehört. Sie stand auf und blickte zu Ken.

Hella: Ja, ich verstehe. Auch ich wollte Helmut für mich.

Sie ging auf Helmut zu, legte ihm liebevoll die Hand auf die Schulter.

Hella *leise:* Ich liebe dich. Auch wenn du zu Lysa gehst.

Dann ging sie langsam auf Lysa zu, kauerte neben ihrem Sessel und legte ihren Kopf mit einer zarten, bittenden Gebärde auf ihre Schulter. Lysa war einen Augenblick betroffen und regte sich nicht. Dann strich sie Hella freundlich übers Haar.

Hella: Ich habe Sie gekränkt. Es tut mir Leid. Ja, auch ich wollte Helmut für mich.

Eine Zeitlang blieben alle im Kreise stumm und die Worte standen im Raum. Dann erwachte eine dankbare Freudigkeit. Die Anwesenden blickten sich gegenseitig an, als wollten sie sich gegenseitig bestätigen, was sie soeben empfunden hatten. Hella kauerte immer noch neben Lysa. Dann erhob sie sich und blickte wieder zu Ken.

Hella: Wollen Sie nochmals wiederholen, was Sie über die „Emporbildung" sagten?

Ken: In der „Rede an seine Hausgemeinschaft in Yverdon" sagte Pestalozzi 1809 zum Kreis seiner Mitarbeiter und Schüler: „Ich lehre euch die Liebe. Aber nicht eine blinde Liebe. Nein, das nicht. Ich lehre euch die „sehende Liebe". Sein Wort von der „Emporbildung des Menschen" ist mir teuer. Denn er meinte damit jene sehende, von innen verstehende, frei lassende Liebe, die das Ganze seiner Erziehungslehre war.

Die innere Bestimmung und die Zukunftsmöglichkeiten des Menschen, so glaube ich, kann man nicht besser beschreiben als mit dem Wort einer solchen „sehenden Liebe" Denn die Motive des Menschen, seine urtümlichen Lebens- und Durchsetzungsmotive, seine individuell entfalteten und seine aktuellen Motive des Augenblicks kann man nicht inniger stützen, als wenn man ihn zur geistigen Läuterung all seiner Motive ermutigt.

Hella: Sie meinen eine Vergeistigung des Menschen?

Ken: Der Mensch kann sich nicht im Ganzen vergeistigen. Seine „Geistigkeit" setzt sein Leben voraus. Und das Leben ist nicht ohne die ursprünglichen Grundmotive der Lebensdurchsetzung. Aber er kann, wie wir schon in diesem Kreise verlauteten, die Durchsetzungsmotive des Lebens mit den geistigen vermählen und so an Gemeinschaftskraft und Liebeskraft gewinnen.

Sie haben, verehrte Dame, in ihren wenigen Worten über die Schulbildung schon angedeutet, dass Sie einen freien, individualisierten Unterricht als sinnvoll ansehen. Ich gratuliere Ihnen zu dieser Einstellung und möchte Sie ermutigen, dazu zu stehen. Sie wollen keinen Leistungsvergleich? Wie schön! Pestalozzi hatte gesagt: „Ich vergleiche nie ein Kind mit dem andern, sondern nur jedes mit ihm selbst."

Gotha: Oh ja, das wär' eine großartige Wandlung und Vertiefung aller Schularbeit. Aber die Politiker und die

Schulbehörden müssten die Eltern, die Kinder und die Lehrerinnen und Lehrer freigeben, solche Schule zu tätigen.

Peer: Von Politik und Wirtschaft allein wäre nicht viel zu erwarten. Es würde auch nicht nützen. Denn die Eltern und die Lehrer und die Schulbehörden würden alsbald wieder dem Leistungsvergleich und dem Wettbewerb in Schule und Gesellschaft frönen. Ja, die Kinder selber wollten den Vergleich.

Ken: Ja, das sehe ich auch so. Politik und Wirtschaft allein helfen nicht. Man muss den Einzelnen gewinnen. Denn nur der Einzelne kann mit sich selbst so umgehen, dass seine Liebeskraft geläutert wird. Menschenbildung, Emporbildung, ist nur im ganz Persönlichen. Nur wer die echte Heiterkeit gewinnt, vermag sich zur Läuterung seiner Motive zu erheben.

Bodo war in der Zwischenzeit zu Helmut getreten und sprach ihn nun an:

Bodo: Welch schöner Mensch Hella ist! Du hast sie ver-
         wirrt. Aber du kannst ihr helfen. Auch wenn du
         Maler bleibst.

Er führte Helmut zu Hella, die immer noch bei Lysa stand.
Helmut hätte sie gerne umarmt. Er traute sich nicht. Und er
konnte auch nicht, da Lysa aufstand und Hella selbst dank-
bar in die Arme nahm. Dann aber wendete Lysa Hella Hel-
mut zu. Und Hella wiederholte ihre Worte zu Helmut.

Hella: Ich liebe dich. Du bist ganz frei.

Helmut blickte unschlüssig zu Lysa. Aber Bodo ergriff Lysas
Hand.

Bodo: Lysa ist nicht mehr frei. Sie hat versprochen, mir
         Modell zu stehen.

Alle lachten. Auch Lysa.

Lysa: Ach Bodo! Ja, so lang du willst.

Bodo: Und nicht nur mein Modell. Ach Lysa! Wenn du willst, sollst du auch meine liebe Herrin sein. Und deinem Kind würd' ich ein guter, wenn auch alter Vater sein.

Lysa trat gerührt auf Bodo zu und ließ sich von ihm umfangen.

Lysa: Ach Bodo, du Lieber! Lass mir noch ein wenig Zeit. Aber du öffnest mir eine ganz neue, lichtvolle Zukunft. Ich schäme mich ein wenig vor Hella. Dass sie diesen Schritt zuerst vermochte.

Gotha: Du brauchst dich nicht zu schämen, Lysa. Denn dieser Schritt betrifft nicht euch. Er ist uns allen aufgegeben.

Lysa: Oh Ken, wir waren ausgegangen von der Frage nach Auftrag und Zukunft des Menschen. Jetzt verstehe ich: Man muss die inneren Motive des Menschen nicht nur verstehen lernen. Man muss sie in sich selber tätig läutern. Das kann nur der Einzelne für sich. Emporbildung des Menschen ist Sache des Einzelnen.

Ken: Man kann die Zukunft der Menschen nicht wissen. Zu viele Voraussetzungen und unabsehbare Möglichkeiten wirken mit. Aber wenn man nach den inneren Möglichkeiten des Menschen fragt, so zeigt sich solch ganz persönliche innere Verschwisterung der Durchsetzungsmotive mit geistigen Motiven als ein Weg, der hilfreich ist. Wenn nur viele Menschen ganz persönlich und auf ihre eigene Weise zu solch innerem Aufbruch bereit sind, in Familien, in Schulen und kleinen Kreisen, und wenn sie sich nicht aus falschem Eigensinn gegenseitig befehden, dann kann man hoffen, dass die geistige Entfaltung, Liebeskraft und Gemeinschaftskraft in den Gesellschaften immer mehr Heimat finden. Und darin würde ich eine mögliche geistige Entfaltung der Menschen sehen. Den persönlichen Aufbruch aber erhoffen wir vor allem von den jüngeren, ansprechbaren Menschen. Sie sind, wie Hella und Helmut – darf ich so sagen? – Pioniere solcher Erneuerung.

Ihnen gelten darum unsere Hoffnung und unser Dank. Dürfen wir Sie, Helmut und Hella, bitten, an unseren künftigen Gesprächen teilzunehmen?

Der Kreis löste sich beeindruckt, in gegenseitigen Beteuerungen der Zustimmung und der Dankbarkeit in heiterer Stimmung auf. Helmut reichte Hella zum Abschied den Arm. Lysa blickte Bodo in dankbarem Einvernehmen und liebevoll erwachender Freundschaft an. Dann ging sie mit Gotha.

Gotha: Wie schön sich unser Gespräch rundet.

Peer blieb bei Ken.

Peer: Auch Wirtschaft und Politik brauchen einen philosophischen Kern. Und Demokratie taugt so viel wie die Menschenbildung ihrer Bürger.

Ken: So ist es.

Anhang

Über den Autor

Prof. Dr. Marcel Müller-Wieland

geboren 1922 in Bukarest. 1940 bis 1949 Studium der Philosophie, Pädagogik, Psychologie, der Soziologie und Sozialökonomie in Zürich. Später Studium der Genetik und Neurophysiologie.

Während acht Jahren Leiter des Schaffhauser Lehrerseminars und anschließend Direktor der Thurgauischen Lehrerbildungsstätte in Kreuzlingen. 1964 bis 1987 Pädagoge in der Lehrerbildung und Lehrerfortbildung des Kantons Zürich. Gelegentliche Lehraufträge an der Universität Zürich. Initiator und von 1977 bis 1991 Leiter der Freien Pädagogischen Akademie in der Schweiz, die eine Erneuerung der Bildungsbemühungen in Familie, Schule und Gesellschaft anstrebte. Ausgedehnte Forschungen und praktische Hilfeleistungen an Lehrer, Lehrerinnen und Eltern, an Kinder und Jugendliche aller Altersstufen zur individualisierenden Vertiefung ihrer erzieherischen Kräfte und Entfaltungsmöglichkeiten.

2009 zog Marcel Müller-Wieland nach Norddeutschland, wo er 2012 seinen neunzigsten Geburtstag feierte. 2012 wurde ihm im Rahmen des *Monaco International Film Festivals* der *Lifetime Achievement Award for Humanitarian efforts* verliehen.

Bildnachweis - Das Bild von Dr. Marcel Müller-Wieland stammt aus
dem Film: Die Freiheit des Menschen, von Hans Peter Scheier

Bücher von Prof. Dr. Marcel Müller-Wieland

Untersuchungen über das Vorbild
Ein Beitrag zur Frage nach der allgemeinen Verantwortlichkeit für das Vorbild-Erleben der reiferen Jugend.
Bern: A. Francke AG., 1949,
242 Seiten

Syngeneia
Sinn und Wege persönlicher Emporbildung.
A. Francke AG, Bern und München: 1961,
239 S.

Wandlung der Schule
Individualisierung und Gemeinschaftsbildung, Schaffhausen:
Novalis Verlag AG, Edition Pestalozzi, 1976
290 S.

Der innere Weg
Mut zur Erziehung.
Verlag Pro Juventute, Zürich: 1982, 2. ergänzte Auflage 1989
180 S.

Geist und Tiefenbezug der Sprache
Grundlagen einer individualisierenden, gemeinschaftsbildenden Sprachlehre.
Verlag Georg Olms, Hildesheim, Zürich, New York: 1989
197 S.

Sehende Liebe
Ästhetische Bildung des Menschen. Broschiert mit 28 Bildtafeln und zahlreichen Illustrationen.
Verlag Georg Olms, Hildesheim, Zürich, New York: 1993
237 S.

Gewalt und seelische Verschüttung
Erzieherische Grundfragen der Friedensfähigkeit.
Verlag Georg Olms, Hildesheim, Zürich, New York: 1995
293 S.

Ethik heute
Wege sittlicher Bildung.
Verlag Georg Olms, Hildesheim, Zürich, New York: 2001
387 S.

Von der Innerlichkeit des Wirklichen
Philosophie der geistigen Zuwendung und Bildung.
Verlag Georg Olms, Hildesheim, Zürich, New York: 2007
242 S.

Begegnungen und Erfahrungen
Aus meinem Leben. Wirkkräfte der Liebe.
Book on Demand. Norderstedt, 2010

Lukas und Sina
Ein Kinderbuch für Eltern.
Mit Zeichnungen und Radierungen des Autors.
Books on Demand, Norderstedt, 2010,
155 S.

Tagebilder aus meinem Leben
Gemälde, Zeichnungen, Radierungen.
Books on Demand, Norderstedt, 2011,
124 S.

Ermutigung zur Menschenbildung
Eine Sammlung ausgewählter Texte aus vorangegangenen Büchern.
Books on Demand, Norderstedt, 2011,
186 S.

Ileana
Ein Roman.
Books on Demand, Norderstedt, 2012,
298 S.

Auflichtung
Zur inneren Gestimmtheit des Menschen.
Books on Demand, Norderstedt, 2013,
358 S.

Textbeiträge zu Periodika und Büchern

Die Darstellung der altsprachlichen Methodik Pestalozzis durch Meyer Marx
I. Meyer Marx und Pestalozzis Methode zur Erlernung der alten Sprachen
II. Die Anwendung der Pestalozzischen Methode zur Erlernung der alten Sprachen
III. Briefe von Meyer Marx an Prof. Holzmann
(Erstpublikation aus dem Holzmann-Nachlass).
In: Die Sammlung. Zeitschrift für Kultur und Erziehung.
Vandenhoek und Ruprecht, 1959 und 1960

Pädagogische Probleme zur Erfassung und Betreuung des entwicklungsgehemmten Kindes
In: Schweizerische Lehrerzeitung, Nr. 13 und 14, 1960

Menschenbild und Menschenbildung im Geiste Friedrich Fröbels
In: Vom Geist abendländischer Erziehung.
Hrsg. Pestalozzianum Zürich. Zürich: Morgarten Verlag, 1961

Heinrich Pestalozzi und Österreich
In: Pestalozzis Beziehungen zu Österreich und Russland.
Hrsg. Pestalozzianum Zürich. Zürich : Morgarten Verlag, 1962

Rhythmus im Dienste der allgemeinen Bildung
In: Die Körpererziehung, Nrn. 9 und 10, 1963

Menschenbild und Menschenbildung
Texte abendländischer Denker.
Hrsg. M. Müller-Wieland. Zürich: Morgarten Verlag 1964, 287 S.

Schulreform aus dem Geiste Pestalozzis
Individualisierender Unterricht.
Schriften der Freien Pädagogischen Akademie, Hedingen bei Zürich , 1967

Lehrerbildung
Ein Weg zur Wandlung der Schule.
In: Die Orientierung, Nr. 63.3, 1976

Menschenbild und Menschenbildung. Auftrag unserer Schule
In: Bildung für morgen.
Evangelische Akademie Baden. Bad Herrenalb, 1/1977

Eine Freie Pädagogische Akademie
Rechenschaft und Ausblick. Schriften der Freien Pädagogischen Akademie. Hedingen, 1977,
Heft 3

Der persönliche Stimmungsgrund des Kindes und seine Bedeutung für die schulische Leistung.
In: Schülerprobleme heute.
Sonderausgabe der Schweizerischen Lehrerzeitung, 1978

Vom Bildungssinn unserer Schule
In: Wege zur Humanisierung der Schule.
Schaffhausen: Novalis Verlag AG., 1979

Schule von morgen.
Der innere Weg. Erziehen anders.
Die ästhetische Grundhaltung im Unterricht.
In: Leistung und Lernfreude. Schule der Zukunft. Ein internationales Gespräch.
Zürich: Verlag Pro Juventute 1983, 178 S.

Vorbilder im Geschichtsunterricht
In: Schule + Bildung.
Basler Zeitung . Nr. 23/27.1.1984

Wege zur Menschenbildung
In: Zum Menschen erziehen. Pestalozzi, Steiner, Buber.
Frankfurt a.M.: Diesterweg, 1985

Neuformulierung des Erziehungsauftrags in Hinsicht auf Familie, Schule und Selbstverwirklichung.

In: Erziehung zwischen Anspruch und Wirklichkeit.
Oettingen: Verlag Meiners, 1985

Von der Heiterkeit

In: Der Mensch und seine Gefühle. Wissenschaft und Philosophie.
Interdisziplinäre Studien der Universität München.
Erzabtei St. Ottilien, EOS Verlag, 1985

Das fruchtbare Chaos im Bildungsprozess

In: Ordnung und Unordnung. Ein Buch für Hartmut von Hentig.
Weinheim Beltz, 1985

Aggression im Kindesalter

In: Erwachsenenbildung, Schaan, 1989

Pädagogisches Verstehen

Mit Beispielen aus dem Bereich dramatischer Übungen.
In: Brigitte Mösch: In Gelassenheit lernen.
Dortmund: Borgmann Media, 2005

Dokumentarfilme von Hans Peter Scheier über pädagogische Projekte und zur „individualisierenden Pädagogik" von Marcel Müller-Wieland

Schule von morgen – Ein Schritt auf dem Weg

(16 mm, s/w, 50 Minuten, Lichtton, 1973)

Ein Film mit *Marcel Müller-Wieland* und *Hans Philipp* und seiner 5. Primarklasse aus Wetzikon.

Ein einwöchiges Theaterprojekt in einer Schulverlegung: «Der kleine Prinz» von Antoine de Saint Exupéry.

Wandlung der Schule – Wege zur inneren Erneuerung

(16 mm, s/w, 62 Minuten, Magnetton, 1977)

Ein Film mit *Marcel Müller-Wieland* und Volkschullehrer/-innen aus Uitikon und Urdorf bei Zürich sowie *Hans Philipp* mit einer Klasse aus Wetzikon.

Sprachliche Arbeiten mit verschiedenen Klassen während eines Fortbildungsprojekts für Lehrkräfte. Zum Beispiel ein einwöchiges Puppenspielprojekt in einer Schulverlegung («Das singende springende Löweneckerchen», Gebrüder Grimm). Gespräche im Rahmen der Lehrerfortbildung.

Von der sehenden Liebe – Skizze einer pädagogischen Haltung

(16 mm, s/w, 54 Minuten, Magnetton, 1979)

Ein Film mit *Marcel Müller-Wieland* und Volkschullehrer/-innen aus Uitikon und Urdorf bei Zürich.

Weitere Arbeiten im Fach Sprache mit verschiedenen Primar-Klassen und Gespräche mit Lehrkräften.

Die Freiheit des Menschen

DVD-Edition, Syngeneia Filme 2010 Dokumentarfilm von Hans Peter Scheier:

Marcel Müller-Wieland im Gespräch mit Ruth Peyer.

(Hauptfilm 93`, Bonusmaterial 150`)

Im Gespräch mit Dr. Ruth Peyer erinnert sich Marcel Müller-Wieland an Kinder, Eltern und Lehrende, denen er in seinem pädagogischen Wirken begegnete und helfen konnte. Aus dem Inhalt: Probleme der Schulselektion. Freiheit des Menschen. Individualisierung , Gemeinschaftsbildung. Freude am Denken und Forschen. Intuition. Ästhetisches Erleben und Gestalten. Erziehung. Autorität. Innere und äußere Strenge. Vorbild. Sittlichkeit. Würde des Menschen. Das Geheimnis der Wirklichkeit.

Im Bonus-Material zusätzliche Aussagen über wichtige Bildungsthemen und Dokumentationen über konkrete Klassenprojekte.

Bestellung der Dokumentarfilme:
Hans Peter Scheier
Lahnhalde 25 - CH-8200 Schaffhausen
Tel. +41 52 624 33 57 Mail: h.p.scheier@bluewin.ch

Im BoD sind von Dr. Marcel Müller-Wieland folgende Bücher erschienen:

Begegnungen und Erfahrungen aus meinem Leben

ISBN 978 3 839 1850 01

Dieses Buch wurzelt in Erfahrungen und Erinnerungen des Autors. Er erinnert an einzelne Menschen, an Gestalten der Literatur und der Philosophie-Geschichte, an Orte gemeinsamer Tätigkeit, da Weisen geläuterter Liebe erlebbar und wirksam waren. Geistige Liebe ist jenseits aller vitalen Liebe. Sie ist das Geistige selbst im Menschen. Alle vitale Liebe und Durchsetzungsbedürftigkeit bedarf noch einer innigen Vermählung mit solch geistiger Liebeskraft, um dem menschlichen Leben Sinn und gemeinschaftliche Bedeutung zu verleihen.

Lukas und Sina

Keine ISB-Nr., nur über den BoD zu beziehen

Dies ist ein Buch für Kinder von 9 bis 12 Jahren und auch für Ihre Eltern. Es ist keine Zauber- oder Heldengeschichte. Es ist die Erzählung eines inneren Heldentums. Kinder helfen, die Vision einer neuen, freieren Schule, einer Schule, die von jedem einzelnen Kind ausgeht, zu verwirklichen. Dabei haben die Kinder so manches Abenteuer zu bestehen. Aber die neue Schule, die allen Kindern und der Gemeinschaftskraft der Menschen dienen soll, kommt zustande. Eine solche Schule gibt es noch nicht. Es ist die *Schule von morgen.*

Tagebilder - Ästhetische Lichter in meinem Leben

Die darstellende Formung, der gestaltende Akt, ist Ertrag liebender Anteilnahme und wiederholter, immer neuer, spontaner Übung. Meine Bilder sind rasch und unmittelbar entworfene Gestaltungen. Die Hand folgt nicht gewollter und mit Absicht vollzogener Führung. Sie sucht nicht die Vollendung. Ihr Strich, ihr Pinsel- oder Spachtelzug fließen unmittelbar an den im Augenblick erlebten Kräften entlang. Die lebendige Linie des Stammes und des Geästs folgen dem inneren Impuls, der im Erleben aufklingt. Traumhaft vollzieht die Hand, was ihr das Erlebte soeben schenkt.

Keine ISBN-Nr., nur über den BoD zu beziehen.

Ermutigung zur Menschenbildung

ISBN: 978 3 844 80 4126

Prof. Marcel Müller-Wieland, eine Auswahl kurzer Texte zusammengestellt, großenteils Auszüge aus all seinen vorausgegangenen Büchern und Schriften. Einige Texte wurden, zur Ergänzung des Gedankenkanons, extra für dieses Buch neu geschrieben. Diese Sammlung erleichtert die Gesamtschau auf das Wesentliche des philosophischen und pädagogischen Gesamtwerkes von Marcel Müller-Wieland.

ILEANA

ISBN: 9783 8482 52497

Marcel Müller-Wieland verbrachte seine Kindheit und Jugend in Rumänien. Um 1940 herum emigrierte er in sein Heimatland, die Schweiz.

2012, in seinem 90. Lebensjahr schreibt er einen Roman, in dem seine Erinnerungen an das Rumänien der 30er / 40er-Jahre, seine Einstellung zu den politischen Ereignissen damals, seine Wünsche und Visionen in einer großen Erzählung zusammenfließen. Ein bewegendes Alterswerk. Eine traurige, wunderschöne Geschichte.

AUFLICHTUNG

Pflege und Auflichtung des *persön-lichen Stimmungsgrundes* sind unverzichtbare Voraussetzung einer sinnvollen geistigen Entfaltung des einzelnen Menschen. Zu wenig beachten die üblichen Bildungsbemühungen in Schulen und vielen Familien die überragende Bedeutung dieser „endothymen" Funktion für die heranwachsenden Menschen. Eine sinnvolle Erneuerung der Schulbildung setzt stets solch aufhellende Pflege voraus.

ISBN 9783 7322 9408 4

Träume und *Märchen* bieten wundersame Bilder innerer Gestimmtheit. Analyse und intellektuelle Deutung sollen sie nicht verfremden. Ihre großartige ästhetische Wirkung vermag zum Verstehen und Auflichten des persönlichen Stimmungsgrundes wesentlich beizutragen. Die Auflichtung des Lebens lichtet auch die Träume auf. Märchen unterstützen – wie alle Kunst – die Auswirkung persönlicher Stimmung auf die geistige Entfaltung des Menschen.